GORBATSCHOW / SAGLADIN / TSCHERNJAJEW

Das Neue Denken

Buch

Das Buch setzt ein mit dem tiefgreifenden Umbruch der sowjetischen Politik im Frühjahr 1985. Gorbatschow und seine Mitautoren zitieren aus bislang unveröffentlichten Gesprächen, die der neugewählte Generalsekretär der KPdSU mit westlichen Spitzenpolitikern führte. Diese ersten Schritte auf dem Weg zu einem »Neuen Denken« in der Sowjetunion waren das Vorspiel zu den weltpolitischen Umwälzungen in den Folgejahren. Damals, in den achtziger Jahren, führten die Angst vor den unkalkulierbaren Risiken der atomaren Bedrohung sowie die finanziellen Lasten des ungebremsten Wettrüstens schließlich zur Beendigung des »Kalten Krieges«. Heute zwingen neue globale Herausforderungen zu einem grundlegenden weltpolitischen Umdenken. Diese Folgerung ziehen die drei außenpolitisch erfahrenen russischen Autoren aus ihrer ausführlichen Analyse der aktuellen Situation.

Autoren

Michail Sergejewitsch Gorbatschow wurde 1931 geboren. Nach Jurastudium und Promotion absolvierte er ein Zweitstudium am Agrarinstitut in Stawropol. 1952 trat er der KPdSU bei. Seit 1980 Mitglied im Politbüro, wurde er 1985 als Tschernenkos Nachfolger Generalsekretär des Zentralkomitees der KPdSU; 1990 übernahm er das Amt des Staatspräsidenten. Im Dezember 1991 trat er von diesem Amt zurück und gründete in Moskau die »International Foundation for Socio-Economic and Political Studies«.

Vadim Valentinowitsch Sagladin, 1927 geboren, arbeitete nach seinem Geschichtsstudium und der Habilitation, zunächst als Hochschullehrer, später bei verschiedenen Zeitschriften. Als Mitglied des Zentralkomitees der KPdSU und Parlamentsabgeordneter war er 1964-1988 stellvertretender Leiter der Internationalen Abteilung des ZK. 1988 wurde er Berater Michail Gorbatschows, seit 1992 arbeitet er für die Gorbatschow-Stiftung. Er ist Mitglied der Russischen Akademie der Wissenschaften.

Anatoli Sergejewitsch Tschernjajew wurde 1921 geboren. Er studierte Geschichte und schlug nach seiner Promotion ebenfalls zunächst die Hochschullaufbahn ein. Nach mehrjähriger Lehrtätigkeit an der Universität Moskau arbeitete er 1961-1985 als Referent und stellvertretender Leiter der Internationalen Abteilung des ZK der KPdSU. Er war Mitglied des ZK sowie Parlamentsabgeordneter. Seit 1986 ist er als Berater Michail Gorbatschows tätig, in der Gorbatschow-Stiftung seit 1992.

Im Goldmann Verlag ist von Michail Gorbatschow
bereits erschienen:
Der Zerfall der Sowjetunion (12468)

MICHAIL GORBATSCHOW

VADIM SAGLADIN
ANATOLI TSCHERNJAJEW

Das Neue Denken

Politik im Zeitalter der Globalisierung

Aus dem Russischen übersetzt
von Helmut Ettinger

GOLDMANN

Originalausgabe

Umwelthinweis:
Alle bedruckten Materialien
dieses Taschenbuches sind chlorfrei
und umweltschonend.

Der Goldmann Verlag
ist ein Unternehmen der Verlagsgruppe Bertelsmann

Originalausgabe Juli 1997
© 1997 Michael Gorbatschow, Wadim Sagladin,
Anatoli Tschernjajew
© 1997 der deutschsprachigen Ausgabe
Wilhelm Goldmann Verlag, München
Umschlaggestaltung: Design Team München
Satz: Uhl + Massopust, Aalen
Druck: Presse-Druck Augsburg
Verlagsnummer: 12754
CL · Herstellung: Stefan Hansen
Made in Germany
ISBN 3-442-12754-8

3 5 7 9 10 8 6 4 2

Inhalt

Vorwort

Die Veränderungen, die in den letzten Jahrzehnten in der Weltpolitik vor sich gingen, sind in vielem auf das zurückzuführen,
was wir Neues Denken nennen. Daran wird heute allerdings
selten erinnert, besonders in Rußland, wo es herkommt. Zuweilen stellt man sogar die Frage: Hat es das Neue Denken
überhaupt gegeben? Und: Was ist das eigentlich? Eine außenpolitische Konzeption, eine Anzahl politischer Grundsätze und
moralischer Werte, eine Form von Ideologie oder vielleicht
auch nur eine Art Propaganda im Dienste neuer Machthaber?
Heute werden darüber viele Urteile gefällt, die zutiefst ideolo-
gisch geprägt sind. Das kann man durchaus verstehen. In Rußland und im Westen ist man gerade erst dabei, sich mühsam aus
den Fesseln der Ideologien zu lösen. Überall fällt es schwer, alte
ideologische Klischees abzulegen.

Kritische Bewertungen lassen häufig genug enge tagespoliti-
sche oder egoistische Absichten erkennen. Manch einer will
sich im nachhinein rehabilitieren und als allwissend darstellen.
Er habe die Dinge kommen sehen und davor gewarnt, aber man
habe nicht auf ihn gehört. Solche Besserwisser sind besonders
heute häufig anzutreffen. Das ist kein ausgesprochen russi-
scher, sondern ein allgemein menschlicher Zug. Hinterher sind
alle klüger. Die einen sind jedoch verantwortungsbewußt ge-

nug, bei der Analyse des Vergangenen die jeweiligen Zeitumstände zu berücksichtigen. Andere versuchen dagegen, ihre heutige Sicht der Probleme auf die damalige Zeit zu projizieren.

Als wir die Reformen im Bereich der internationalen Beziehungen konzipierten, bestand unser Hauptproblem in der Frage, wie wir es erreichen könnten, den Höllenzug, der dem atomaren Abgrund entgegenraste, zum Stehen zu bringen, den Automatismus der Prozesse auszuschalten, die der Kalte Krieg in der von Konfrontation gespaltenen Welt ausgelöst hatte, und die Kräfte und Ressourcen der Menschheit auf die Lösung der angestauten enormen Probleme zu lenken. Dabei ging es uns nicht nur um unser Land. Es mußte das maximal Mögliche getan werden, um die Bemühungen der ganzen Menschheit zu vereinigen und sich den globalen Herausforderungen zu stellen, mit denen sie konfrontiert war. Wir sahen in der Perestroika nicht nur eine Chance, die Krise in unserem Land zu überwinden, sondern zugleich auch unseren Beitrag zu leisten, um die atomare Gefahr von unserem Planeten abzuwenden und uns an der weltweiten Suche nach adäquaten Antworten auf die globalen Herausforderungen zu beteiligen.

Der Aufbau neuartiger internationaler Beziehungen war und bleibt ein schwieriger, widersprüchlicher Prozeß. Möglicherweise bewegt er sich heute nicht in der notwendigen Richtung. Natürlich hatte niemand die Vorstellung, daß die Dinge geradlinig verlaufen. Aber heute muß besorgt stimmen, daß man die Welt, die bereits, wie es schien, auf dem Wege von der Konfrontation zur Vereinigung war, erneut auf einen gefährlichen Kurs zu drängen versucht. Diese Tendenz, die bereits in der praktischen Politik zu erkennen ist, führt zu erneuter Spaltung und neuer Konfrontation. Dies zeigt, daß es an einer neuen Politik fehlt, die den Aufgaben gerecht wird, vor denen die Welt in dieser Zeit des Umbruchs steht. Die Verantwortung der Weltpolitik wächst mit jedem Tag. Gefordert ist eine neue, höhere Qualität.

Was stellt das Neue Denken aus heutiger Sicht dar? War es zeitlich begrenzt? Ist die Zeit abgelaufen, die ihm die Geschichte zugemessen hat? Oder eignete es sich nur für die Beendigung der globalen Konfrontation und ist daher für die Lösung der Aufgaben der heutigen, völlig neuen Situation nicht mehr brauchbar? Alle diese Fragen zu klären ist das erste Ziel dieses Buches.

Das Neue Denken ist kein Patentrezept und keine abgeschlossene Konzeption. Es ist von seinem ganzen Wesen her darauf angelegt, alle neuen Fragen aufzunehmen, mit denen die Welt sich konfrontiert sieht. Auch nach Beendigung der Perestroika ist die Entwicklung des Neuen Denkens nicht zum Stillstand gekommen. Was ist in den Jahren seit 1991 an Neuem hinzugekommen? Dies zusammenfassend darzulegen, ist das zweite Ziel, das sich die Verfasser gesetzt haben.

Die Ursprünge

Das Neue Denken entstand nicht aus abstrakten Überlegungen, die zu einem lebensfremden Modell führten. Nein, es verdankt seine Geburt vor allem einer kritischen Neubewertung der damaligen internationalen Situation sowie der Stellung unseres Landes in der Welt und seiner Politik. Diesen Fragenkreis tief zu durchdenken war einfach nicht mehr zu umgehen.

Mitte der achtziger Jahre befand sich die Welt in einer Sackgasse, aus der niemand einen Ausweg sah. Die Ost-West-Konfrontation schien für die Ewigkeit gemacht. Auf beiden Seiten des Eisernen Vorhangs stellte man sich darauf ein. Niemand wollte den Atomkrieg, aber keiner konnte garantieren, daß er nicht doch eines Tages ausgelöst werden würde, und sei es durch einen unglücklichen Zufall.

Die UdSSR und die USA, die Staaten in Ost und West hatten einander fest im Visier. Atomare und konventionelle Waffen weiterzuentwickeln und anzuhäufen gehörte zum Alltag des internationalen Lebens. Europa war zu einem wahren atomaren Aufmarschgebiet geworden, das man Jahr um Jahr, Monat um Monat mit immer mehr Raketen verschiedener Stärke und Reichweite vollstopfte. Auf den Meeren und Ozeanen wimmelte es von Raketenträgern über und unter Wasser. Nicht nur der Luftraum, selbst der Kosmos war in die Konfrontation einbezogen. In Asien, Afrika und Lateinamerika tobten regionale Konflikte.

Eines war offensichtlich: So konnte es nicht mehr weitergehen. Der rasenden Fahrt in den Abgrund mußte Einhalt geboten werden. Die Krisensituation, die zu jener Zeit in der Sowjetunion entstanden war, forderte entschiedene Maßnahmen in allen Bereichen, eine neue Qualität der Innenpolitik in Theorie und Praxis. Zugleich war klar, daß die Lösung der überfälligen Aufgaben im Inneren des Landes wesentlich komplizierter oder ganz und gar unmöglich sein würde, wenn es nicht gelang, die internationale Lage grundlegend oder zumindest spürbar zu verändern, den Kalten Krieg einzudämmen. Es war also dringend notwendig, sich den außenpolitischen Problemen intensiv zuzuwenden.

Worum ging es? Es ging darum, den Platz der Sowjetunion in der Weltpolitik auf neue Weise und ohne jeden Vorbehalt einzuschätzen, die wirklichen nationalen Interessen, die realen Parameter und Imperative ihrer Sicherheit zu definieren, den Zustand der Weltgemeinschaft sowie ihre Hauptkräfte und Entwicklungstendenzen nüchtern zu analysieren und schließlich auf dieser Grundlage ein abgewogenes Programm konkreter Aktionen in den Hauptbereichen der außenpolitischen Praxis zu erarbeiten.

Zu all diesen Fragen hatte es auch vor Beginn der Perestroika Überlegungen gegeben. Als man Anfang der achtziger Jahre die herangereiften Probleme in der Sowjetunion zu untersuchen begann, widmete man auch dem internationalen Bereich große Aufmerksamkeit. Umfangreiches, interessantes Material kam aus den Forschungszentren (z. B. dem Institut für Weltwirtschaft und Internationale Beziehungen, dem Institut für die USA und Kanada, dem Institut für die Wirtschaft des sozialistischen Weltsystems u. a.). Einzelne Wissenschaftler und Fachleute der Außenpolitik steuerten ihre Überlegungen bei.

Man kann nicht sagen, daß die gesamte Außenpolitik der Sowjetunion bis zu diesem Zeitpunkt falsch gewesen wäre. Das gilt vor allem für die praktische Tätigkeit unserer Diplomaten, die solide Arbeit leisteten. Das erste »Tauwetter« in den internationalen Beziehungen Mitte der fünfziger Jahre oder die Entspannung in der ersten Hälfte der siebziger Jahre waren Früchte dieser Arbeit, die noch heute Respekt verdienen. Auch an anderen Abschnitten der diplomatischen »Front« wurden zumindest Teilerfolge erzielt. Aber ingesamt standen Mitte der achtziger Jahre die Ergebnisse in keinem Verhältnis zum Aufwand und zu den Erfordernissen, vor denen unser Land und die Welt standen. Im Grunde genommen waren die Beziehungen der Sowjetunion zu faktisch allen Staaten der nichtsozialistischen Welt von Spannungen belastet. Eine direkte Kriegsgefahr bestand nicht, zu einer Aggression war es bisher nicht gekommen, aber die Gesamtsituation verschlechterte sich weiter.

In dieses Bild paßten der Krieg in Afghanistan, das komplizierte Verhältnis zu unserem großen Nachbarn China, das nun bereits mehrere Jahrzehnte bestand, und der anhaltende Wettlauf mit dem Westen bei der Bewaffnung vieler Staaten Asiens und Afrikas, der Nebenschauplätze des Kalten Krieges. Die Sicherheit unseres Landes war bei alldem nicht stabiler geworden. Dabei wurden für die Rüstungsproduktion unmäßig hohe Summen ausgegeben. Das Streben, allen potentiellen Gegnern militärisch überlegen zu sein (dieses Ziel setzte man sich tatsächlich), führte dazu, daß die Militärausgaben innerhalb von wenigen Jahren 25 bis 30 Prozent des Bruttoinlandsprodukts erreichten. Das war das Fünf- bis Sechsfache dessen, was die USA und die europäischen NATO-Staaten für diese Zwecke aufwendeten. Diese Belastung ruinierte unser Land.

Das Problem lag nicht so sehr in der sowjetischen Außenpolitik, in der Tätigkeit der sowjetischen Diplomaten, sondern vielmehr in den Konzeptionen, auf denen diese Politik beruhte. Diese gingen von weltanschaulichen Dogmen aus, nicht aber von den Realitäten, einer nüchternen Situationsanalyse und der Notwendigkeit, die realen Lebensinteressen unseres Landes und unseres Volkes zu sichern. Diese Konzeptionen richteten die Außenpolitik aus auf eine harte Konfrontation und die Isolierung der Sowjetunion von der Außenwelt. Ausgenommen waren lediglich jene Staaten, die man als unsere Verbündeten betrachtete. Aber sie nahmen in unserer außenpolitischen Doktrin eher eine untergeordnete Stellung ein. Das war das außenpolitische Erbe des Totalitarismus. Wo dieser auch immer entstehen und in welches Kleid er sich auch hüllen mag, er ist undenkbar ohne ein rigides ideologisches und politisches System, ohne eine Sammlung von Klischees, die die Wirklichkeit entstellen und einem einzigen Ziel dienen: das Regime zu stabilisieren und einen entsprechenden Untertanengeist zu erzeugen.

Die erste starke Triebkraft und damit auch die erste Quelle des Neuen Denkens war eine unvoreingenommene, gnadenlose Analyse unserer eigenen außenpolitischen Konzeptionen und der Praxis, die sie hervorgebracht hatten. Mit anderen Worten, es ging darum, unser eigenes altes Denken umzukrempeln.

Diese Analyse war keine einfache Sache. Weshalb? Weil die außenpolitischen Konzeptionen der Sowjetzeit von den herrschenden ideologischen Postulaten vorbestimmt waren. Eine Veränderung der außenpolitischen Konzeptionen machte es erforderlich, diese Postulate zu revidieren und somit die tief verankerten Grundlagen des gesamten Systems der herrschenden Ideologie in Frage zu stellen.

Vor dieser Schwierigkeit standen vor allem diejenigen, die die Veränderung der bestehenden Auffassungen in Angriff nahmen. Denn auch sie waren Kinder ihrer Zeit. Von klein auf, bereits in der Schule, hatten sie die Grundlagen der offiziellen Ideologie in sich aufgenommen. Zwar hatten auch sie den XX. Parteitag der KPdSU erlebt und waren von den Enthüllungen über den Stalinismus, die dort aus dem Munde Nikita Chruschtschows erklangen, tief erschüttert. Später nannte man diese Generation die »Sechziger«. Aber in den fünfziger Jahren wurden die ideologischen Fesseln bei weitem nicht vollständig abgeworfen. Diejenigen, die den Prozeß der Befreiung von den alten Auffassungen auslösten und vorantrieben, hatten vor allem mit sich selbst und ihrem eigenen Bewußtsein einen Kampf auszufechten.

Andererseits waren auch äußere Schwierigkeiten zu überwinden. Die Gesellschaft als Ganzes, darunter der größte Teil der Nomenklatura, konnte die neuen Gedankengänge kaum akzeptieren. Viele sahen darin unerlaubte Ketzerei, die eine nahezu völlige Selbstaufgabe von ihnen forderte. »Wofür haben wir gekämpft?« fragten viele, die bisher ehrlich gearbeitet und gelebt hatten, ohne sich über den Sinn der offiziellen Postulate tiefere Gedanken zu machen. Es brauchte Zeit, überzeugende, logische Erklärungen sowie Beweise für den praktischen Nutzen des neuen Vorgehens, damit die Menschen, die Bürger unseres Landes die neuen Ideen begriffen und annahmen. Wie heute leicht zu erkennen ist, hat ein bestimmter Teil von ihnen sie allerdings niemals wirklich verstanden oder akzeptiert.

Die zweite Triebkraft und damit die zweite Quelle des Neuen

Denkens war eine tiefgehende Analyse der Weltpolitik, der Mittel und Methoden ihrer Realisierung. Hier ging es um die Überwindung eines alten Denkens, das nicht nur Ergebnis der sowjetischen Geschichte, sondern der gesamten Weltgeschichte ist, eines Denkens, das auch wir uns vollständig zu eigen gemacht hatten. Dieses betraf vor allem die Rolle der Gewalt, der militärischen Gewalt, des Krieges als ein gewohntes Mittel nicht nur zur Verteidigung des eigenen Staates, sondern auch zur Durchsetzung seiner politischen Ziele.

Das Völkerrecht erkannte Kriege seit jeher als rechtmäßig an. Allerdings wurden seit der zweiten Hälfte des 19. Jahrhunderts bestimmte juristische Beschränkungen eingeführt, um die Folgen der Kriege für die Zivilbevölkerung zu mildern. So führte man zum Beispiel Regeln für die Behandlung von Kriegsgefangenen ein. Nach dem Ersten Weltkrieg wurde der Einsatz chemischer Waffen verboten. Es gab auch Versuche, den Wettlauf bei der Entwicklung anderer Waffenarten zu bremsen. Das alles aber änderte nichts an dem Grundsatz, daß Krieg allgemein als ein »legitimes« Mittel der Politik galt.

Als die Atomwaffe auf der Bildfläche erschien, änderte das die Situation grundlegend. Die Menschheit hatte eine Waffe geschaffen, mit deren Hilfe sie kollektiven Selbstmord begehen konnte. Das hätte sie eigentlich dazu veranlassen müssen, ihr bisheriges Verhalten aufzugeben. Das ist aber bekanntlich nicht geschehen. Im Gegenteil, bis Ende der achtziger Jahre tobte das Wettrüsten vor allem im Bereich der Atomwaffen. Die Militärdoktrinen aller Staaten, die über Atom- und Wasserstoffwaffen verfügten, sowie der Militärblöcke, denen diese Staaten angehörten, beruhten im Grunde genommen auf Szenarien, die den Einsatz von Atomwaffen oder zumindest die Drohung damit beinhalteten.

Ein wachsender Teil der Weltöffentlichkeit, vor allem die Wissenschaft, schlug Alarm und forderte, den atomaren Holocaust dauerhaft auszuschließen. In den sechziger Jahren wurden einige einschränkende Schritte getan – so kam es zum Vertrag über das Verbot von Atomwaffenversuchen in der Atmosphäre, im Weltraum und unter Wasser, danach zum Vertrag über die Nichtweiterverbreitung dieser Waffen. Zudem wurden Abkommen geschlossen, die Beschränkungen oder Verbote für andere Massenvernichtungsmittel (chemische, biologische Waffen u. a.) vorsahen. All das hielt den Wettlauf bei der Produktion und der Weiterentwicklung von Atomwaffen jedoch nicht auf. Insgeheim gingen auch die Produktion und die Anhäufung jener Massenvernichtungswaffen weiter, für die Verbote oder Beschränkungen galten. Forschungen von Wissenschaftlern vor allem aus der Sowjetunion und den USA während der siebziger und achtziger Jahre zeigten anschaulich, was die Menschheit erwartete, sollte es zu einem atomaren Inferno kommen. Besonders aufrüttelnd wirkte das von ihnen entdeckte Phänomen eines möglichen »atomaren Winters«. All das bewies eindeutig, daß eine tiefgreifende Veränderung der grundsätzlichen Haltung der Staaten sowie ihres praktischen Verhältnisses zur Politik und zu deren Mitteln erforderlich war, vor allem ein Verzicht auf Gewalt, die das Leben von Millionen Menschen vernichten, wenn nicht gar den Untergang der ganzen Menschheit heraufbeschwören konnte.

Auch diese Wende – das war klar – war nicht leicht zu vollziehen, vor allem wegen der historischen Traditionen, die sich unter den neuen Bedingungen überlebt hatten, aber im Bewußtsein der Menschen und in der Politik noch tief verwurzelt waren; außerdem wegen des allgemeinen Zustands des Ost-West-Verhältnisses, wie es sich im Kalten Krieg herausgebildet hatte: des gegenseitigen Mißtrauens und der Vorstellung, daß jeder, der meinen eigenen Standpunkt nicht teilte, ein Feind war, von dem permanent tödliche Gefahr ausging; schließlich wegen der materiellen und politischen Interessen derjenigen, die sich an der Produktion von Massenvernichtungswaffen und Waffen überhaupt bereicherten sowie jener, die in der Rüstung ein probates Mittel zur Sicherung der eigenen Überlegenheit, ein Werkzeug hegemonialer Politik sahen.

Aber eine Wende war hier zu einem Imperativ der Zeit geworden. Eine dritte Triebkraft und Quelle des Neuen Denkens war schließlich die Analyse der tiefgreifenden Veränderungen, die sich während der Jahrzehnte seit dem Zweiten Weltkrieg in den tragenden Grundlagen des Lebens auf der Erde vollzogen hatten. Dazu zählen die Veränderungen in der technischen Basis der Wirtschaft, die stürmische Entwicklung der Computertechnik, die neue Kanäle und zusätzliche Möglichkeiten für den weltweiten Austausch von Informationen schuf, das Aufkommen neuer Transportmittel – all das veränderte die Beziehungen zwischen den Staaten und Völkern auf wahrhaft revolutionäre Weise. Eine Weltwirtschaft, die diesen Namen verdient, und weltweite Räume für Information und Kultur wurden nun nach und nach Wirklichkeit.

Dieser Wandel fand jedoch im Zustand der internationalen Beziehungen und in der Politik der Staaten im Grunde genommen keinen Niederschlag. Und wenn es doch geschah, dann höchst einseitig: Vor allem die Großmächte nutzten die neuen Möglichkeiten intensiv, um kleinere und weniger entwickelte Staaten auszubeuten. Die Interdependenz wurde zur Waffe in den Händen derer, die einen hegemonialen Kurs in der Weltpolitik durchzusetzen versuchten.

Die genannten Veränderungen erforderten eindeutig ein

neues Verhalten. Mehr noch, wenn man sie nicht ins Kalkül zog, war das alte Denken auch in anderen Bereichen nicht zu überwinden. Denn das Begreifen und Beherrschen der Veränderungen erforderte einerseits, die alten hinderlichen Dogmen und Klischees abzuwerfen (und das nicht nur von unserer Seite, sondern auch seitens der Staaten des Westens und der Entwicklungsländer); andererseits wurde mit dem Entstehen einer einheitlichen Welt die Anwendung von Gewalt als Methode und Mittel der Politik nur noch gefährlicher, vor allem, wenn es sich um atomare und andere Massenvernichtungswaffen handelte.

Mit anderen Worten, alles hing miteinander zusammen, alle Probleme – die nationalen und die globalen – waren zu einem Knoten geschürzt, der entwirrt werden mußte, wenn wir unsere nationalen Interessen (die darin letztlich mit den Interessen aller Staaten der Weltgemeinschaft übereinstimmten) realisieren und das Überleben des Menschengeschlechts sichern wollten.

Bei der Analyse dieser herangereiften Fragen in ihrer Gesamtheit war die sowjetische Führung bestrebt, die Forschungsergebnisse der internationalen Wissenschaft sowie die Erfahrungen der Kulturgemeinschaft zu nutzen. Auch das war etwas Neues, Ungewohntes. Denn bis Mitte der achtziger Jahre galten derartige Arbeiten in unserem Land in ihrer Mehrzahl als feindlich, falsch und inakzeptabel.

Von der Stalinzeit wollen wir hier gar nicht reden, da Genetik, Kybernetik, Politologie, Geopolitik und andere Disziplinen in unserem Land zu »bürgerlichen Pseudowissenschaften« erklärt wurden, was zu großen Rückständen in diesen Bereichen von Wissenschaft und Technik – und nicht nur dort – führte. Aber auch nach dem Chruschtschowschen »Tauwetter« und selbst nach der Entspannung der siebziger Jahre wurden Ideen von Andersdenkenden (auch in der Wissenschaft, erst recht im politischen Bereich) rundweg abgelehnt.

Nicht mit einem Mal, sondern nach und nach kehrten in den Jahren der Perestroika die interessantesten Ideen von Wissenschaftlern und Politikern, die Werke der großen Schriftsteller und Dichter zu uns zurück, die man bis dahin dem Vergessen anheimgegeben hatte. Zur internationalen Wissenschaft, zur Weltkultur, zu den riesigen Ideenspeichern der Welt war nun wieder lebendiger Kontakt vorhanden. Nicht zufällig fanden seit den ersten Jahren der Perestroika regelmäßig Treffen der Führung unseres Landes mit bedeutenden Wissenschaftlern und Künstlern, mit Politikern der verschiedensten Richtungen und Auffassungen statt. Dies schuf die Möglichkeit, das internationale Geistesleben besser kennenzulernen, tiefer in Sinn und Wesen neuer Ideen und der neuen Situation einzudringen.

Auf diese Weise erfuhren auch unsere eigenen Vorstellungen von unserer Umwelt, unsere theoretischen Verallgemeinerungen über die Weltlage und ihre Entwicklungsperspektiven eine Bereicherung. Zugleich erhielten wir dadurch wesentlich größere Möglichkeiten, praktische Schlußfolgerungen für die Innen- und Außenpolitik zu ziehen.

Zu den Vorläufern und in gewissem Maße auch Urhebern des Neuen Denkens sind deshalb so bedeutende russische Wissenschaftler zu zählen wie Wladimir Wernadski, Pjotr Kapiza und Andrej Sacharow, dazu Denker wie Albert Einstein, Bertrand Russell, Giorgio La Pira und viele, viele andere.

Hier ergibt sich eine Frage, die häufig auch hörbar gestellt wird: Ist in der Sowjetunion bis zur Perestroika niemandem der Gedanke gekommen, daß in Theorie und Praxis der Außenpolitik Veränderungen erforderlich waren?

Solche Gedanken gab es natürlich. Die Vergangenheit ist

längst noch nicht in allen Einzelheiten bekannt, aber nach den vorhandenen Informationen gab es bereits in Stalins letzten Lebensjahren eine gewisse Sorge über den Verlauf der Entwicklung und Anzeichen für den Wunsch, im außenpolitischen Bereich etwas zu verändern.

Nach Stalins Tod kam es zu einem Wandel, dem ersten »Tauwetter« in den Jahren des Kalten Krieges. Die Beziehungen zu vielen Staaten wurden normalisiert, erste Gipfeltreffen fanden statt, und die ersten internationalen Verträge wurden unterzeichnet, die eine Verbesserung des allgemeinen internationalen Klimas brachten. In jenen Jahren ging der Koreakrieg und bald darauf der erste Indochinakrieg zu Ende. All das war allerdings nicht von langer Dauer. Die Ungarnkrise und der Krieg am Suezkanal beendeten diese Tendenz wieder.

Auch waren die damaligen Versuche, Veränderungen herbeizuführen, bei weitem nicht konsequent, und sie waren umstritten. So erklärte Georgi Malenkow auf einer Wählerversammlung in Moskau, die Politik des Kalten Krieges sei »eine Politik der Vorbereitung eines neuen Weltkrieges, der angesichts der heutigen Mittel der Kriegsführung zum Untergang der Weltzivilisation« führen würde. Diese Äußerung fand jedoch keine Unterstützung, sondern wurde offiziell verurteilt. Auf der Plenartagung des ZK der KPdSU im Januar 1955 sagte Wjatscheslaw Molotow, ein Kommunist sollte nicht vom »Untergang der Weltzivilisation« und auch nicht vom »Untergang des Menschengeschlechts« sprechen, sondern darauf abzielen, »alle Kräfte für den Untergang der Bourgeoisie vorzubereiten und zu mobilisieren«.

Nikita Chruschtschow nahm einige Zeit später (unter dem Einfluß der internationalen Entwicklung, insbesondere der Krise in der Karibik) eine Position ein, die der von Malenkow ähnelte. Auf sein Drängen hin wurde in offiziellen Dokumenten der KPdSU und des Sowjetstaates formuliert, daß die friedliche Koexistenz die Generallinie der sowjetischen Außenpolitik sei. Aber als Chruschtschow 1964 vom Posten des Ersten Sekretärs des ZK der KPdSU abgesetzt wurde, ließ man diese Formel wieder fallen. An ihre Stelle trat eine andere, die die Grundlagen der sowjetischen Außenpolitik auf den Stand vom Anfang der fünfziger Jahre zurückwarf.

Auf dem XXIV. Parteitag der KPdSU im Jahre 1971 wurde dann noch einmal ein zwar nicht revolutionärer, aber doch ernstzunehmender Versuch unternommen, die sowjetische Außenpolitik, insbesondere das praktische Vorgehen, zu korrigieren. Der Parteitag beschloß ein Friedensprogramm, das einige vernünftige und notwendige Vorschläge enthielt, die vor allem die Atomkriegsgefahr reduzieren sollten. Allerdings wurde dieses Programm unter anderem deshalb beschlossen, weil die Sowjetunion in den vorausgegangenen Jahren einige außenpolitische Aktionen durchgeführt hatte, die ihr weder Einfluß noch Ansehen einbrachten (sie hatte den »Prager Frühling« niedergeschlagen und eine große Anzahl neuer Mittelstreckenraketen in Europa stationiert, ohne bestehende Verhandlungsmöglichkeiten für die Lösung des Problems auszuschöpfen).

Die in dem Friedensprogramm vorgesehenen Schritte verliefen in der Praxis bald aber wieder im Sande. Mit der sowjetischen Intervention in Afghanistan wurden für lange Zeit alle Möglichkeiten zunichte gemacht, die Lage zum Besseren zu wenden. Mit dieser Aktion lebte faktisch der Kalte Krieg in einer noch gefährlicheren Variante wieder auf.

Versuche, die sowjetische Außenpolitik unter Berücksichtigung wenigstens eines Teils der Realitäten in der Welt zu präzisieren und zu modernisieren, gab es also durchaus. Aber sie waren oberflächlich und inkonsequent, vor allem kam es nicht zu den notwendigen Veränderungen in der Konzeption und bei den Grundprinzipien der Außenpolitik.

Von der Notwendigkeit solcher Veränderungen war, wenn auch nur in allgemeinster Form, im Dezember 1984 in London die Rede, als eine sowjetische Parlamentsdelegation Großbritannien besuchte. In den dort gehaltenen Reden hieß es, daß das Atomzeitalter gebieterisch ein neues politisches Denken erforderte. In unserer Zeit sei es wie niemals zuvor notwendig, einen konstruktiven Dialog zu führen, nach Lösungen für die internationalen Schlüsselprobleme zu suchen, Felder der Übereinstimmung zu ermitteln, was dazu führen könnte, daß das Vertrauen zwischen den Staaten gefestigt wird und in den internationalen Beziehungen ein Klima entsteht, das frei von atomarer Bedrohung, Argwohn und Mißgunst, Angst und Feindseligkeit ist. Man müsse Schritt für Schritt lernen, angesichts der Realitäten der modernen Welt, die sich nach ihren eigenen Gesetzen verändern, zusammenzuleben. Das war ein recht klarer, eindeutiger Anspruch. Aber die Umsetzung dieser Ideen wurde erst möglich, als im März 1985 eine neue Führung der Sowjetunion gewählt wurde, die bewußt Kurs auf tiefgreifende Veränderungen nahm.

Die ersten Schritte

Wir haben bereits festgestellt, daß es in der UdSSR auch vor 1985 Überlegungen über die Situation in der Welt und die Politik der Sowjetunion gab. Bedeutet das aber, daß zum Zeitpunkt des Plenums des ZK vom März 1985, das den Startschuß für die Veränderungen in der Politik der KPdSU und der Sowjetunion gab, bereits alles durchdacht und bereit war? Natürlich nicht.

Einige Ideen von grundsätzlicher Bedeutung waren herangereift, aber bei weitem nicht alle. Generell ist festzustellen: Die Prinzipien des Neuen Denkens und die konkreten Schritte der daraus abgeleiteten Politik waren in ständiger Entwicklung begriffen. Ihre Erarbeitung war ein Prozeß des Nachdenkens, der Diskussionen und der praktischen Aktionen.

Dieser Prozeß kam in all den Jahren der Perestroika nicht zum Erliegen. Entstehung und Entwicklung des Neuen Denkens waren und sind eine permanente Suche nach Antworten auf die Probleme, mit denen sich die moderne Welt konfrontiert sieht, ein Denkvorgang in ständiger Bewegung.

Vor allem soll hier betont werden, daß das Neue Denken in ständigem Zusammenwirken von theoretischer Forschung und praktischen Aktionen realisiert und vervollkommnet wurde. Man kann ohne jeden Zweifel sagen, daß dieses Zusammenwirken es ermöglichte, das eine wie das andere ständig zu präzisieren und weiterzuentwickeln. Fortschritte in der Theorie bereicherten die Politik, und bei der Realisierung politischer Schritte entstanden neue Ideen.

Wir wollen in der weiteren Darlegung nicht nach dem historischen Prinzip vorgehen (obgleich Geschichte und Evolution der Ideen des Neuen Denkens in den Jahren 1985 bis 1991 sowie deren Anwendung in der Praxis durchaus von Interesse sind). An dieser Stelle soll besonders auf die kurze Zeit von März bis Dezember 1985 eingegangen werden, die von der Forschung in der Regel wenig beachtet wird. Sie ist aber hochinteressant, denn damals wurde intensiv nach den Ausgangspunkten für jene Schlußfolgerungen gesucht, die in den Jahren 1986/87 gezogen, später weiterentwickelt wurden und den eigentlichen Kern des Neuen Denkens darstellen.

Eine wichtige Besonderheit dieser Zeit: Was damals öffentlich erklärt wurde, trug in vieler Hinsicht noch den Stempel früherer Auffassungen. Das betraf vor allem die verwendeten Formulierungen und Termini. Aber deren Inhalt veränderte sich rasch. In internen Gesprächen und Diskussionen sowie bei Begegnungen mit ausländischen Staatsmännern wurde bereits ein anderes Vorgehen erörtert, wurden die Grundlagen für neue Positionen gelegt.

In der ersten Zeit sprach der Generalsekretär des ZK der KPdSU davon, daß der außenpolitische Kurs des Landes stabil bleibe, daß »keine Notwendigkeit« bestehe, »ihn zu ändern«. Das war durchaus gerechtfertigt, denn Erneuerung mußte mit Kontinuität einhergehen. Diese Kontinuität definierte der neue Generalsekretär jedoch auf dem Plenum des ZK im April 1985 als »ständige Vorwärtsbewegung, in deren Verlauf neue Probleme erkannt und gelöst werden sowie alles aus dem Wege geräumt wird, was die Entwicklung behindert«. In diesem

Sinne ging die neue Partei- und Staatsführung vom ersten Tage an die Umsetzung ihres außenpolitischen Kurses.

Bereits das Plenum des ZK vom 11. März 1985 (wo Gorbatschow zum Generalsekretär gewählt worden war) hatte in dem Dokument »Ein Kurs des Friedens und des Fortschritts« die Hauptrichtungen der sowjetischen Außenpolitik bestätigt: »Noch nie schwebte über der Menschheit eine so schreckliche Gefahr wie in unseren Tagen. Der einzige vernünftige Ausweg aus dieser Lage ist eine Vereinbarung der einander gegenüberstehenden Kräfte darüber, das Wettrüsten auf der Erde – vor allem das atomare – unverzüglich einzustellen und im Weltraum gar nicht erst zuzulassen, eine Vereinbarung auf ehrlicher und gleichberechtigter Grundlage, ohne den Versuch, der anderen Seite die Bedingungen zu diktieren.«

Für den nächsten Tag, den 12. März, waren seit längerem Verhandlungen zwischen der UdSSR und den USA über die Atom- und Weltraumwaffen anberaumt. Man wollte demonstrieren, daß Moskau auf neue, konstruktive Weise in diese Verhandlungen ging und gegenseitig annehmbare Lösungen anstrebte.

Verhandlungen mit den USA zu verschiedenen Aspekten der Abrüstung hatten auch schon früher stattgefunden. Man hatte sie jahrelang ohne jedes Ergebnis geführt. Die Verhandlungen über die Mittelstreckenraketen in Europa wurden gar auf Initiative der sowjetischen Seite unterbrochen. Damals galten für sie noch in vollem Maße die Grundsätze der Verhandlungsführung, die Wjatscheslaw Molotow in einem Gespräch mit Journalisten Ende 1954, an dem auch einer der Verfasser teilnahm, so formuliert hatte: »Verhandlungen müssen natürlich geführt werden, aber Ergebnisse sind von ihnen nicht zu erwarten. Schließlich sind es Verhandlungen mit Imperialisten.« Diese negative Einstellung mußte überwunden werden.

Auf dem März-Plenum erklärte der Generalsekretär: »Wir streben nicht nach einseitigen Vorteilen gegenüber den Vereinigten Staaten und der NATO, nicht nach militärischer Überlegenheit. Wir wollen die Einstellung und nicht die Fortsetzung des Wettrüstens. Deshalb schlagen wir vor, die Atomwaffenarsenale auf dem gegenwärtigen Stand einzufrieren und keine weiteren Raketen zu stationieren.«

Am 13. März empfing der neugewählte führende Repräsentant von Partei und Staat, Michail Gorbatschow, die Leiter der ausländischen Delegationen, die zur Beisetzung Konstantin Tschernenkos nach Moskau gekommen waren. Die Protokolle dieser Gespräche wurden niemals veröffentlicht. Dabei sind sie von großem Interesse, denn dort wurden den führenden Vertretern der westlichen Länder die Grundsätze der internationalen Politik der neuen sowjetischen Führung zum ersten Mal erläutert. Hier deuteten sich die grundlegenden Ideen des Neuen Denkens bereits an.

Im Gespräch mit dem französischen Präsidenten François Mitterrand sagte Michail Gorbatschow: »Wir sind an einem Punkt angelangt, an dem sich die Frage stellt: Wie weiter? Ist es nicht an der Zeit, innezuhalten und über Lösungen nachzudenken, die den Interessen der Völker entsprechen und verhindern, daß die Welt einem atomaren Inferno mit unabsehbaren Folgen entgegengeht?«

Dieser Gedanke, daß eine grundsätzliche Wende in der Weltpolitik vollzogen werden müsse, kehrte in den Gesprächen mit den führenden Persönlichkeiten anderer Staaten wieder, darunter der USA, Großbritanniens, der Bundesrepublik Deutschland, Japans, Indiens und Chinas.

Von besonderem Interesse ist dabei sicherlich das Gespräch mit dem amerikanischen Vizepräsidenten George Bush und

Außenminister George Shultz. Ausführlich legte Generalsekretär Gorbatschow seinen Gesprächspartnern die neue Sicht auf die Aufgaben der sowjetischen Außenpolitik dar: »Die Sowjetunion wird, ausgehend von ihrer Rolle und Verantwortung als Großmacht, eine aktive und konstruktive Politik betreiben. Generell sehen wir unsere Aufgabe darin, in unseren Beziehungen mit allen Staaten dazu beizutragen, daß die internationale Lage sich verbessert und daß Voraussetzungen für den Ausbau der internationalen Beziehungen, des Austauschs von kulturellen Werten sowie von Ergebnissen der Wissenschaft und Technik geschaffen werden.« Dann kam er auf die sowjetisch-amerikanischen Beziehungen zu sprechen. »Wir messen den Beziehungen zu den USA große Bedeutung bei«, sagte der Generalsekretär. »Wir haben nicht die Absicht, gegenüber den USA militärische Überlegenheit zu erreichen oder gegen legitime Interessen der USA vorzugehen. Aus unserer Sicht bestehen große Möglichkeiten für eine fruchtbare Zusammenarbeit zwischen uns.«

Das war eine Absichtserklärung der sowjetischen Seite. Dann wurden Probleme angesprochen, die die Politik der USA direkt betrafen: »Man muß lernen, die internationalen Beziehungen in der realen Welt zu gestalten. Wie die Realitäten dieser Welt begriffen werden, hängt davon ab, wie die Politik formuliert und praktisch realisiert wird... Jedes Land hat seine konstanten Interessen. In seiner Politik sollte man die Interessen aller Staaten beachten. Man darf nicht davon ausgehen, daß der Stärkere immer recht hat... Wir können die Außenpolitik der USA nicht verstehen. Sie ist mit dem Begriff normaler internationaler Beziehungen nicht zu fassen.«

Etwas später, am 10. April 1985, empfing der Generalsekretär des ZK der KPdSU den Präsidenten des Repräsentantenhauses des amerikanischen Kongresses, Thomas O'Neil. Das Gespräch verlief ähnlich, wurde aber noch offener geführt. Michail Gorbatschow wollte den amerikanischen Parlamentariern seine Gedanken über den Ernst und die Tragweite der aktuellen Situation nahebringen, die neue Möglichkeiten eröffnete. Er sprach von den Bedingungen, die es zu beachten galt, wenn man die vorhandene Chance nutzen wollte. »In den Beziehungen zwischen unseren Staaten«, sagte er, »herrscht gegenwärtig eine Eiszeit. Wir treten dafür ein, die sowjetisch-amerikanischen Beziehungen wieder in normale Bahnen zu lenken. Wir gehen davon aus, daß die Interessen unserer Staaten nicht unweigerlich miteinander kollidieren müssen. Mehr noch, wir haben ein gemeinsames Interesse daran, einen Atomkrieg zu verhindern, die Sicherheit der UdSSR und der USA zu gewährleisten, unseren Völkern das Leben zu erhalten... Wir haben uns nicht die Aufgabe gestellt, die Vereinigten Staaten nach unserem Bilde umzugestalten, ob sie uns nun gefallen oder nicht. Aber auch die USA sollten sich nicht einem Ziel verschreiben, das eines Don Quichotte würdig wäre, nämlich die Sowjetunion nach ihrem Geschmack verändern zu wollen. Anderenfalls könnte es zum Kriege kommen... Die Welt hat viele Probleme – politische, wirtschaftliche und soziale –, aber es gibt nur einen Ausweg. Dieser Ausweg ist die friedliche Koexistenz, die Anerkennung des Rechts jedes Volkes, so zu leben, wie es selbst dies wünscht. Eine Alternative dazu gibt es nicht... Wir sollten eine Brücke der Zusammenarbeit errichten. Eine Brücke muß aber bekanntlich von zwei Seiten gebaut werden.«

In diesen beiden Gesprächen mit George Bush und Thomas O'Neil waren also neben Gedanken, die auch früher bereits formuliert worden waren, neue Ideen enthalten, die es bisher in der sowjetischen Politik nicht gegeben hatte und die auch traditionelle Formulierungen mit neuem Inhalt erfüllten. Das betrifft den Grundsatz des Interessenausgleichs (die Absage an eine Diplomatie als Nullsummenspiel, die Notwendigkeit, nach gegenseitig annehmbaren Kompromissen zu suchen), die Anerkennung des Rechts jedes Volkes auf freie Wahl seines eigenen Entwicklungsweges, die Anerkennung jeder gesellschaftlichen Ordnung, für die sich die Völker selbst entscheiden, als legitim.

Diese grundsätzlichen Überlegungen wurden auch in den Gesprächen mit Margaret Thatcher, Helmut Kohl und anderen Politikern dargelegt. Natürlich ging es dabei auch um konkrete Fragen der bilateralen Beziehungen und um europäische Probleme.

Der nächste wichtige Schritt zur konzeptionellen Erarbeitung der neuen außenpolitischen Positionen folgte auf dem Plenum des ZK der KPdSU im April 1985, wo zum ersten Mal die bevorstehenden Veränderungen in der Innenpolitik umrissen wurden. »Wir treten für ausgeglichene, korrekte, wenn man so will, zivilisierte zwischenstaatliche Beziehungen ein, die auf wirklicher Achtung der Normen des Völkerrechts basieren«, hieß es im Referat des Generalsekretärs. »Aber eines muß vollkommen klar sein: Nur wenn der Imperialismus seine Versuche aufgibt, den historischen Streit der beiden Gesellschaftssysteme mit militärischen Mitteln zu lösen, wird es gelingen, die internationalen Beziehungen in Bahnen einer normalen Zusammenarbeit zu lenken.« Damit war der allgemeine Rahmen gesetzt, waren gleichsam die Grenzen der Möglichkeiten bestimmt, wie man sie zu jener Zeit sah.

Im weiteren traten zwei Thesen besonders hervor. Die erste: »Streitfragen, Konfliktsituationen müssen mit politischen Mitteln geklärt werden – das ist unsere feste Überzeugung.« Und die zweite: »Die KPdSU und der Sowjetstaat unterstützen unverändert das Recht aller Völker, ihre sozialökonomische Gegenwart nach eigener Wahl zu bestimmen und ihre Zukunft ohne Einmischung von außen zu gestalten. Alle Versuche, den Völkern dieses souveräne Recht zu verwehren, sind aussichtslos und zum Scheitern verurteilt.« Dieser Grundsatz einer erneuerten sowjetischen Außenpolitik war universell zu verstehen. Er bezog sich auf alle Staaten, auch auf diejenigen, die dem sozialistischen System angehörten. Dieser Umstand wurde im Jahre 1985 zweimal besonders betont – auf dem Treffen mit den führenden Repräsentanten der Mitgliedstaaten des Warschauer Paktes am 13. März 1985 in Moskau und bei ihrer Begegnung in Warschau am 26. April desselben Jahres. Dort wurde sinngemäß folgendes erklärt:

Die Beziehungen zwischen den verbündeten Staaten müssen erneuert werden. Sie müssen sich auf der Grundlage von Unabhängigkeit, Gleichberechtigung und gegenseitiger Nichteinmischung in die inneren Angelegenheiten entwickeln. Jeder trägt selbst Verantwortung für seine Entscheidungen. Mit anderen Worten, dem, was man bisher die »Breschnew-Doktrin« nannte, wurde damit ein Ende gesetzt. Das Kapitel im Buch der Geschichte, das eine Politik der Einmischung der UdSSR in die inneren Angelegenheiten ihrer Verbündeten verzeichnete, war abgeschlossen.

Möglicherweise begriffen damals noch nicht alle Anwesenden die ganze Tragweite dieser Worte. Schließlich war ähnliches auch schon in der Vergangenheit erklärt worden, was die Sowjetunion allerdings nicht davon abgehalten hatte, beispielsweise im Falle der Tschechoslowakei, ihre Truppen einmarschieren zu lassen. Bald aber konnten sich alle davon überzeugen, daß es sich um eine ernst gemeinte, feste Position handelte.

Auf der Festveranstaltung zum 40. Jahrestag des Sieges über den Faschismus am 8. Mai 1985 folgte eine These, die einen wichtigen Schritt darstellte, den Rahmen der neuen außenpolitischen Konzeption noch weiter zu stecken. Dort hieß es: »Der einzig vernünftige Ausweg liegt heute darin, eine aktive Zusammenarbeit aller Staaten im Interesse unserer gemeinsamen friedlichen Zukunft zu entwickeln und solche internationalen Mechanismen und Institutionen aufzubauen, zu nutzen und weiterzuentwickeln, die es ermöglichen, die nationalen und staatlichen Interessen auf optimale Weise mit den Interessen der gesamten Menschheit zu verbinden.« Diese These war ein Beweis dafür, daß man in der außenpolitischen Konzeption der UdSSR im Unterschied zur Vergangenheit nun von eng verstandenen Klassenkampfpositionen abging und die neuen Realitäten in der Welt zu berücksichtigen begann.

Dieses Thema wurde beim Besuch des Generalsekretärs des ZK der KPdSU in Frankreich weiterentwickelt. Er sprach es beim Treffen mit Präsident Mitterrand und auch bei der Begegnung mit Parlamentariern an. Bei dieser Gelegenheit erklärte Michail Gorbatschow unter anderem: »Der Zusammenhang und die Interdependenz zwischen den Staaten und Kontinenten wird immer enger. Das ist eine unabdingbare Voraussetzung für die Entwicklung der Weltwirtschaft, des wissenschaftlich-technischen Fortschritts, für die Beschleunigung des Informationsaustauschs, der Bewegung von Menschen und Dingen auf der Erde und sogar im Weltraum – mit einem Wort, für die gesamte Entwicklung der menschlichen Zivilisation. Leider erwächst aus den Errungenschaften dieser Zivilisation nicht immer Gutes für die Menschen. Die Ergebnisse von Wissenschaft und Technik werden zu oft und zu eifrig dafür genutzt, Mittel zur Vernichtung der Menschen zu schaffen und

immer schrecklichere Arten von Waffen zu entwickeln und anzuhäufen. Hamlets Frage – Sein oder Nichtsein – stellt sich
heute nicht mehr dem Individuum, sondern dem ganzen Menschengeschlecht. Sie wird zu einem globalen Problem. Auf diese
Frage kann es nur eine Antwort geben: Die Menschheit, die
Zivilisation muß überleben. Das können wir nur erreichen,
wenn wir lernen zusammenzuleben, uns auf diesem kleinen
Planeten miteinander einzurichten, wenn wir die schwierige
Kunst meistern, die Interessen des jeweils anderen zu berücksichtigen.«

Gorbatschow fügte eine These an, die das Thema noch wei-
terentwickelte: »Ich glaube, in der gegenwärtigen Lage ist es
besonders wichtig, daß wir unsere ideologischen Differenzen
nicht wie mittelalterliche Fanatiker auf die zwischenstaatlichen
Beziehungen übertragen.«

Alle diese Ideen, die auf eine Erneuerung der internationalen
Beziehungen zielten, bildeten die Grundlage für das Treffen des
Generalsekretärs mit US-Präsident Ronald Reagan im November 1985 in Genf. Die Ergebnisse zusammenfassend, die er vor
allem im wachsenden Einverständnis darüber sah, daß ein
Atomkrieg und das Streben nach militärischer Überlegenheit
nicht zugelassen werden dürfen, erklärte Gorbatschow: »Ja,
ich bin davon überzeugt, daß in der gegenwärtigen Etappe der
internationalen Beziehungen, da die Verbindungen zwischen
den Staaten und ihre wechselseitige Abhängigkeit immer enger
werden, eine neue Politik erforderlich ist. Wir meinen, das neue
Vorgehen erfordert, daß die aktuelle Politik aller Staaten von
den heutigen Realitäten in der Welt ausgeht. Das ist die wichtigste Voraussetzung dafür, daß eine konstruktive Außenpolitik
betrieben wird. Das wird zu einer Verbesserung der Lage in der
ganzen Welt führen.« Innerhalb von kaum neun Monaten des

Jahres 1985 zeichneten sich so die Konturen einer neuen Weltsicht Moskaus und einer neuen außenpolitischen Konzeption der Sowjetunion ab. Die Grundzüge und Besonderheiten dieser Konzeption sind Thema des nächsten Kapitels. An dieser Stelle ist es uns wichtig, folgendes noch hervorzuheben:

Wie bereits erwähnt, folgten der Erarbeitung der theoretischen Positionen sofort entsprechende praktische Schritte. Das war ganz natürlich, denn da zwischen Ost und West faktisch keinerlei Vertrauen mehr bestanden hatte, konnten nur reale, konkrete Schritte ein solches Vertrauen wieder wachsen lassen. Ohne Vertrauen aber war eine Veränderung des Klimas in der Welt ganz und gar unmöglich.

Nachdem Moskau ein neues Vorgehen bei den Verhandlungen über die Atom- und Weltraumwaffen angekündigt hatte, folgte unverzüglich ein Schritt in dieser Richtung. So hieß es am 8. April 1985 in einem »Prawda«-Interview: »Mit dem heutigen Tage verkündet die Sowjetunion ein Moratorium bei der Stationierung ihrer Mittelstreckenraketen und stellt auch andere Gegenmaßnahmen (gegen militärische Schritte der USA) in Europa ein. Das Moratorium gilt bis zum November 1985. Danach wird – je nachdem, ob die USA diesem Beispiel folgen – neu entschieden werden.«

Anfang Oktober 1985 wurde in Paris die Reduzierung einiger sowjetischer Atomwaffentypen mittlerer Reichweite in Europa bekanntgegeben. Zugleich kam aus Moskau die Anregung, ein »Gemeinsames Haus Europa« zu errichten, d. h. eine allseitige Zusammenarbeit und wahrhaft friedliche, gutnachbarschaftliche Beziehungen zwischen allen Staaten des europäischen Kontinents zu entwickeln. Um die USA zur Einstellung des atomaren Wettrüstens zu bewegen, erklärte Moskau am 30. Juli 1985 ein Moratorium für Atomtests, das am 6. August 1985 in Kraft trat (und später mehrfach verlängert wurde). Die US-Regierung wurde aufgefordert, diesem Beispiel zu folgen.

Zugleich erhielt US-Präsident Reagan eine Botschaft, die den Vorschlag enthielt, die strategischen Atomwaffen wesentlich zu reduzieren – natürlich im Zusammenhang mit dem Verzicht auf ein atomares Wettrüsten im Weltraum.

Am 17. September 1985 veröffentlichte die Sowjetunion ihre bei der UNO eingereichten Vorschläge über die Hauptrichtungen und Grundsätze einer internationalen Zusammenarbeit bei der friedlichen Erschließung des Weltraumes unter der Voraussetzung seiner Entmilitarisierung.

Diese Aufzählung der sowjetischen Initiativen des Jahres 1985 ist nicht vollständig. Aber sie zeigt deutlich, daß die Vorschläge durchaus konkreter Natur waren und ihre Realisierung leicht kontrolliert werden konnte. Es waren reale Schritte zur Einstellung des Wettrüstens bei den Atomwaffen und darüber hinaus zur Reduzierung dieser Waffen innerhalb und außerhalb Europas.

Hier sei hervorgehoben, daß es sich bei den Maßnahmen der sowjetischen Führung zum einen um einseitige Schritte, zum anderen aber auch um Vorschläge handelte, die beide Seiten gleichermaßen betrafen. Es ging also darum, die Idee von einer Erneuerung der internationalen Beziehungen auf der Grundlage gleicher Sicherheit für alle Seiten mit materiellem Inhalt zu füllen.

Das Thema war in der Tat die gleiche Sicherheit. So brachte zum Beispiel die Einstellung von Gegenmaßnahmen gegen die Aktionen der USA in Europa mehr Sicherheit für die Staaten des Kontinents, beeinträchtigte zugleich aber in keiner Weise die Interessen der UdSSR, die zu diesem Zeitpunkt bei den Mittelstreckenraketen in Europa überlegen war. Alle diese Maßnahmen wurden nicht nur mit der politischen, sondern auch mit der militärischen Führung unseres Landes sorgfältig abgestimmt.

Fanden die neuen sowjetischen Ideen und die daraus abgeleiteten praktischen Schritte im Westen eine entsprechende Würdigung? Ja und nein. Westliche Beobachter jener Zeit sahen durchaus das Neue an den sowjetischen Vorschlägen, betrachteten diese jedoch häufig als Propagandamanöver. Es war noch nicht genügend Zeit vergangen, um die Klischeevorstellungen der Vergangenheit und das gegenseitige Mißtrauen zu überwinden.

Die Schritte der UdSSR wurden insgesamt jedoch positiv aufgenommen. Sie zogen allerdings bei weitem nicht sofort analoge Maßnahmen der Gegenseite nach sich. Zwar bremsten die USA ab Ende 1985 die weitere Stationierung ihrer Mittelstreckenraketen in Europa, aber die Einstellung der Atomwaffenversuche, die in der Weltöffentlichkeit und den meisten Staaten ein sehr positives Echo gefunden hatte, blieb von seiten der USA unbeantwortet. Im Gegenteil, sie brachten weiter atomare Sprengladungen zur Detonation. Es war eindeutig zu erkennen, daß eine schwere Aufgabe, möglicherweise auf lange Sicht, bevorstand. Auf dem Plenum des ZK der KPdSU am 15. Oktober 1985 verwies Gorbatschow angesichts dieser Entwicklung auf wachsenden »Widerstand gegen die positiven Veränderungen in der Welt seitens aggressiver Kräfte des Imperialismus«, auf ihr Streben nach »sozialer Revanche« und nach einem Aufrechterhalten der internationalen Spannungen zu diesem Zweck. Konstruktive Gedanken, zugleich aber auch ernste, substantielle, zuweilen scharfe Kritik an den außenpolitischen Positionen der Verhandlungspartner, insbesondere der

USA, wurden bei sämtlichen Begegnungen und in allen Gesprächen Gorbatschows mit Vertretern westlicher Staaten geäußert. Bei jeder Gelegenheit betonte er: Schritte zu neuen internationalen Beziehungen müßten von beiden Seiten unternommen werden, sonst wird nichts dabei herauskommen.

Der XXVII. Parteitag der KPdSU, der im Februar/März 1986 stattfand, zog eine Bilanz dieser Aktivitäten. Dort wurden – zum ersten Mal in verallgemeinerter Form – grundsätzliche Schlußfolgerungen gezogen, die die tragende Konstruktion des Neuen Denkens darstellen sollten. Nichts kann jedoch die Bedeutung der ersten Schritte in Theorie und Praxis vermindern, die im Jahre 1985 gegangen wurden. Sie waren gleichsam der Prolog zur aktiven und offensiven Einführung neuer Prinzipien und Methoden in die internationalen Beziehungen.

Die Konzeption (1985–1991)

In diesem Kapitel soll es um die Grundprinzipien des Neuen Denkens gehen, wie sie sich von 1985 bis 1991 herausgebildet haben. In dieser Zeit war die Ausarbeitung dieser Grundsätze mit ihrer praktischen Anwendung eng verbunden; die Sowjetunion startete zahlreiche Initiativen, die diese Grundsätze in praktische Politik umsetzten. Es ist bereits betont worden, daß die Ideen des Neuen Denkens nichts Einmaliges, Abgeschlossenes darstellten, sondern ständig weiterentwickelt wurden. Drei Stufen ihrer Ausarbeitung lassen sich erkennen:

Die erste Stufe, die vor allem die auf dem XXVII. Parteitag der KPdSU dargelegte Position und deren Vertiefung in der Folgezeit umfaßt, bestand in der theoretisch-politischen Analyse der großen Veränderungen in der Welt während der Jahrzehnte seit dem Zweiten Weltkrieg und der Anforderungen, die diese wiederum an die Politik stellten. Die praktische Aufgabe lag zu jenem Zeitpunkt darin, einen realen Weg zur Beendigung des Kalten Krieges, einen Ausweg aus dem Teufelskreis von Mißtrauen, Feindseligkeit und Konfrontation zu finden.

Die zweite Stufe, die vor allem in der Rede des Generalsekretärs des ZK der KPdSU auf der UNO-Vollversammlung am 7. Dezember 1988 zum Ausdruck kam, als die ersten Anzeichen für eine Wende zum Besseren in der internationalen Lage sichtbar wurden, bestand in der Erarbeitung einiger grundsätzlicher Ideen zur Entwicklung unseres Planeten. Dabei ging es nicht um die Auseinandersetzung der beiden Lager, sondern um die globalen Interessen der Menschheit, um die Grundsätze einer neuen, dringend notwendigen künftigen Weltordnung, die auf der gemeinsamen Entwicklung aller Mitglieder der Weltgemeinschaft beruhte.

Die dritte Stufe, die in den Jahren 1990/91 erreicht wurde, fand ihre Verkörperung in der Idee, daß allein Veränderungen im Bereich der internationalen Beziehungen nicht ausreichen, daß die Zukunft der Menschheit nur zuverlässig gesichert werden kann, wenn es zu einem Paradigmenwechsel in der Weltentwicklung kommt.

Das Ergebnis war ein in sich logisches System von Positionen. Das Neue Denken war weder als ein neuer Katechismus noch als ein neuer Glaube gedacht, mit dessen Hilfe die Menschen das Paradies auf Erden errichten. Es stellte eine Summe von Ideen dar, die im Zusammenwirken der Kräfte der Vernunft in aller Welt kreativ weiterzuentwickeln war, eine Summe von Ideen, die, wenn die Politik sie aufnahm, reale Ergebnisse, eine wirkliche Gesundung des politischen und moralischen Klimas auf der Erde ermöglichte. Welches sind die Hauptthesen des Neuen Denkens?

Seine Ausgangsthese besteht in der Anerkennung der sich immer stärker ausprägenden Ganzheit der Welt, des wechselseitigen Zusammenhangs und der wechselseitigen Abhängigkeit aller Staaten bei all ihren Unterschieden und ihrer individuellen Ausprägung. Wir verwenden hier das Wort »Anerkennung«, denn praktisch ist die Ganzheit der Welt, die Interdependenz ihrer Subjekte, in Jahrzehnten entstanden. Diese Dynamik wurde von der internationalen Wissenschaft untersucht und in der Außenpolitik des Westens berücksichtigt. Henry Kissinger sagte dazu bereits im Jahr 1975: »Die Interdependenz auf unserem Planeten wird zu einem zentralen Faktor unserer Diplomatie.«

In unserem Lande wurde die These von der Interdependenz jedoch als These des Klassengegners, als Versuch angesehen, die ungleichen Beziehungen zwischen stärkeren und schwächeren Staaten, vor allem zwischen früheren Mutterländern und Kolonien, theoretisch zu begründen. Diese Ansicht ist offenbar vor allem darauf zurückzuführen, daß die These von der Interdependenz unseren damaligen ideologischen Konstruktionen zutiefst widersprach. In solchen Fällen war man rasch dabei, von »Pseudowissenschaft« zu sprechen.

Wie fest wir aber auch unsere Augen schlossen, die Interdependenz wurde zu einer Tatsache, die nicht länger ignoriert werden konnte. Mitte der achtziger Jahre war sie das Hauptmerkmal der internationalen Beziehungen.

Einerseits nahm die Welt aufgrund der Internationalisierung des Wirtschaftslebens, des wachsenden gegenseitigen Einflusses der politischen Entscheidungen der Staaten, der Entstehung eines immer dichteren weltweiten Informations- und Kulturraumes eine völlig neue Gestalt an. Entwicklung im national beschränkten Rahmen war praktisch nicht mehr möglich.

Die Sowjetunion bekam das am eigenen Leibe zu spüren. Durch ihre künstlich aufrechterhaltene technisch-wirtschaftliche und wissenschaftliche Isolierung sowie die nicht weniger künstliche geistige Autarkie isolierte sie sich vom weltweiten Fortschritt und schränkte damit ihre Möglichkeiten wesentlich ein. Hier liegt eine Quelle unseres Rückstandes gegenüber dem Westen in vielen Bereichen.

Andererseits hatten sich in der Welt viele komplizierte und

zugespitzte globale Probleme angehäuft – Probleme der Ökologie, der Demographie, der Rohstoffe, der Energie und viele andere. Ihre Existenz und Tragweite wurden in unserem Land lange Zeit unterschätzt (zuweilen sogar negiert). Es hieß, wir hätten diese Probleme nicht. Aber wir hatten sie natürlich, und sie spitzten sich immer mehr zu. Ihre Lösung im Rahmen eines Landes, ja selbst einer Region, war nicht mehr möglich. Gefragt war nun weltweite Zusammenarbeit, die Mobilisierung des geistigen und materiellen Potentials aller Völker der Welt.

Das alles bedeutete nicht, daß keine nationalen und regionalen Probleme, keine sozialen und Klassenfragen mehr existierten. Aber letzten Endes war ihre Lösung unvollständig, begrenzt oder ganz und gar unmöglich, wenn die neuen globalen Realitäten der immer stärker eins werdenden Welt dabei nicht in Betracht gezogen wurden.

Es bildete sich eine neue Konfiguration des Systems von Interessen heraus, die Triebkräfte der Politik sind. Im Vordergrund standen nicht mehr nationale, lokale oder Klasseninteressen, sondern die allgemein menschlichen Interessen. Ihre Befriedigung war zur Voraussetzung für die Befriedigung aller übrigen Interessen geworden.

Die Erkenntnis, daß die allgemein menschlichen Interessen und Werte in unserer Zeit Priorität haben müssen, wurde zum Herzstück des Neuen Denkens. Damit konnte die lebenswichtige Bedeutung der moralischen Grundsätze, die die Völker in Jahrhunderten geschaffen und allgemein akzeptiert hatten und die die größten Geister der Menschheit geprägt hatten, für die internationalen Beziehungen der Gegenwart umfassender gewürdigt werden.

Diese theoretisch neue Schlußfolgerung war lange Zeit außerhalb des Gesichtsfeldes bedeutender ausländischer Wissenschaftler geblieben, die das Problem der Interdependenz untersuchten. Was die Politiker betrifft, so taten sie so, als könne von allgemein menschlichen Interessen überhaupt keine Rede sein. In der Praxis interessierten sie vor allem ihre eigenen, oft genug rein egoistischen Interessen.

Die These von der Priorität der allgemein menschlichen Werte widersprach in der Tat den vorherrschenden Auffassungen und Gewohnheiten. Sie fand nur unter großen Schwierigkeiten Akzeptanz – sowohl in unserem Land als auch anderswo. In der ganzen hier zur Debatte stehenden Zeit (und selbst bis heute) mußte man sie geduldig erklären, erläutern und den Nachweis führen, daß diese Fragestellung niemandes Interessen schmälert, daß sie allerdings den Wunsch und die Fähigkeit voraussetzt, ein Gleichgewicht aller Interessen zu finden, das zum Konsens führt und für alle Beteiligten fruchtbare Ergebnisse bringt. Wenn solche Lösungen allerdings nicht gefunden werden, droht der Welt und damit allen Staaten und Völkern eine Katastrophe.

Uns in der Sowjetunion fiel es offenbar besonders schwer, die neuen Realitäten zu begreifen. Denn die Konzeption der Weltentwicklung, die sich in unserem Lande nach der Revolution von 1917 durchgesetzt hatte, beruhte auf der Vorstellung von einer unvermeidlichen grundsätzlichen Teilung der Welt. Die damalige Welt lieferte allerdings auch allen Grund für einen derartigen Schluß. Nach dieser Konzeption gab es für die Entwicklung der Menschheit keine Alternative. Sie ging von der schicksalhaften Spaltung der Welt in zwei einander gegenüberstehende Systeme aus, die beständig miteinander ringen, bis letzten Endes der Sieg des Sozialismus in der ganzen Welt erreicht wäre.

Unter Sozialismus verstand man damals das System, das in der UdSSR aufgebaut und dann durch Eingreifen in die innere

Entwicklung anderer Staaten in erster Linie nach Osteuropa exportiert wurde.

Ungeachtet der tiefgreifenden Veränderungen, die nicht mehr zu übersehen waren, blieben die KPdSU und der Sowjetstaat bei ihren alten Auffassungen und einem entsprechenden Verhalten. Selbst in der neuen Fassung des Parteiprogramms, die auf dem XXVII. Parteitag beschlossen wurde, waren die alten Konzeptionen noch deutlich spürbar. Allerdings war auf demselben Parteitag auch von den anderen, neuen Grundsätzen die Rede, über die wir hier sprechen. Das betraf vor allem die Einheitlichkeit und Interdependenz der Welt.

Wenn aber dies der reale Zustand der Welt war, dann konnte die Hauptentwicklungstendenz nicht eine noch tiefere Spaltung, sondern mußte eine fortschreitende Einheit der Welt sein. Die Sowjetunion als Teil dieser Welt mußte ihren Platz in diesem System suchen und finden.

Auf dem Treffen von Parteien und Bewegungen, das aus Anlaß des 70. Jahrestages der Oktoberrevolution im November 1987 in Moskau stattfand, wurde die Schlußfolgerung formuliert, daß man die Entwicklung der Welt nicht mehr allein aus dem Blickwinkel des Kampfes der beiden entgegengesetzten Gesellschaftssysteme betrachten könne. Die Dialektik dieser Entwicklung liege in der Einheit, nicht in der Auseinandersetzung, im Wettbewerb und im Zusammenwirken einer Vielzahl von Faktoren.

In diesem Zusammenhang wurde der Schluß gezogen, daß es notwendig sei, die internationalen Beziehungen vom ideologischen Ballast zu befreien. Das entscheidende Argument für politische Entschlüsse sollten die realen Interessen der Völker und Staaten im Zusammenhang mit den allgemeinen Menschheitsinteressen sein. Dieser neue Blick auf die Weltkarte führte unausweichlich zu einer neuen politischen Grundsatzentscheidung. Diese fiel zum ersten Mal auf dem XXVII. Parteitag: »Der Gang der Geschichte und der gesellschaftliche Fortschritt fordern immer nachdrücklicher, weltweit ein konstruktives, kreatives Zusammenwirken der Staaten und Völker durchzusetzen. Sie fordern dies nicht nur, sondern schaffen dafür die notwendigen politischen, sozialen und moralischen Voraussetzungen.«

Im Dezember 1988 wurde diese Schlußfolgerung vor der UNO-Vollversammlung mit Blick auf die Zukunft ergänzt und vertieft. Aus Zusammenarbeit sollte »gemeinsames kreatives Handeln« und »gemeinsame Entwicklung« werden.

Was die Sowjetunion betraf, so stand ihr noch bevor, sich in diese Zusammenarbeit aktiv einzuschalten, sich intensiver an Weltwirtschaft und Weltpolitik zu beteiligen. Man erwartete, daß die Sowjetunion praktische Initiativen für gemeinsames kreatives Handeln und eine gemeinsame Entwicklung ergreifen werde.

Die zweite Grundthese des Neuen Denkens ist mit der ersten eng verbunden und läuft auf folgendes hinaus: Bei aller Beachtung der zunehmenden Einheitlichkeit und Interdependenz der Welt muß auch konsequent beachtet werden, daß sie zugleich weiterhin eine große Vielfalt aufweist. Die Dialektik von Einheitlichkeit und Vielfalt, Übereinstimmung einerseits sowie individueller, spezifischer Ausprägung der Staaten, Völker und Regionen unseres Planeten andererseits ist eine der wichtigsten Triebkräfte des Fortschritts in der Gegenwart. Die Welt ist nichts Gleichförmiges mehr, sondern eine Einheit der Vielfalt, des Vergleichs und der Harmonisierung von Unterschieden.

Die These von der Vielfalt der Welt ist nicht neu. Was hat das Neue Denken zu ihrem tieferen Verständnis beigetragen? Es hat zur Anerkennung der Vielfalt mit den notwendigen Schlußfolgerungen geführt – vor allem zur Anerkennung dessen, daß jedes Volk das uneingeschränkte Recht besitzt, seinen Entwicklungsweg und seine Lebensweise frei zu wählen.

Jedes Land und jedes Volk hat seine Rechte, seine nationalen Interessen und Bestrebungen. Das ist eine höchst bedeutsame Realität unserer Zeit. Aber die Fähigkeit einiger Politiker großer westlicher Staaten, die geschehenen unumkehrbaren Veränderungen in ihrer ganzen Tragweite zu begreifen, hält mit dieser Entwicklung offenbar nicht Schritt. Daher kommt es immer wieder zu Rückfällen in Hegemoniestreben, zu Versuchen, andere Staaten den eigenen Interessen unterzuordnen, sie mit politischen, wirtschaftlichen oder militärischen Mitteln zu beherrschen. All das steht aber im Widerspruch zu dem tiefgreifenden Wandel im Gang der Weltgeschichte, wie er in der Überwindung des Kolonialismus und dem Auftreten Dutzender Staaten als selbständig handelnde Subjekte der Weltpolitik zum Ausdruck kommt.

Daraus folgt vor allem: Es muß jeder Versuch ausgeschlossen werden, auf die Entwicklung anderer Staaten direkten oder indirekten Einfluß zu nehmen, sich in ihre inneren Angelegenheiten einzumischen. Ebenso unzulässig sind auch jegliche Aktionen zur Destabilisierung legitimer Regierungen von außen.

Im Grunde genommen ist ein solches Verhalten die Voraussetzung für eine wirkliche Demokratisierung der Weltpolitik. Eine Demokratisierung, von der man viel redet, dabei jedoch häufig vergißt, daß nicht rhetorische Übungen, sondern die politische Praxis gemeint ist, vor allem die Praxis der größten und mächtigsten Staaten. Von ihrem Verhalten hängen Wesen und Formen der weiteren Entwicklung der internationalen Beziehungen in entscheidendem Maße ab.

Beherzigen dies die Politiker? Es sind zu viele Tatsachen bekannt, als daß man auf diese Frage eine bejahende Antwort geben könnte. Von der ferneren Vergangenheit soll hier nicht die Rede sein. Es genügt, an die Intervention der USA in Grenada, die Aggression Iraks gegen Kuwait oder den völlig unzulässigen amerikanischen Druck auf Kuba zur Veränderung der inneren Ordnung dieses Landes zu erinnern.

Auf der XIX. Parteikonferenz der KPdSU wurde dazu erklärt: »Die Konzeption der freien Wahl des Entwicklungsweges nimmt im Neuen Denken eine Schlüsselstellung ein. Wir sind davon überzeugt, daß es sich hier um ein universelles Prinzip der internationalen Beziehungen handelt… Souveränität und Unabhängigkeit, Gleichberechtigung und Nichteinmischung werden zu bindenden Normen der internationalen Beziehungen, was eine große Errungenschaft des 20. Jahrhunderts ist. Sich der freien Wahl des Entwicklungsweges zu widersetzen, hieße, sich gegen den objektiven Gang der Geschichte zu stemmen.«

Zuweilen wird die Frage gestellt: Besteht nicht ein Widerspruch zwischen der fortschreitenden Einheitlichkeit der Welt und der Garantie dafür, daß jedes Volk seinen Entwicklungsweg wirklich frei wählen kann? Ja, hier besteht in der Tat ein Widerspruch. In der Welt laufen Integrationsprozesse ab, die Staaten rücken zusammen, die Welt wird gleichsam enger; zugleich wächst ihre Vielfalt, sie wird gleichsam weiter. Weder das eine noch das andere darf man ignorieren, denn es handelt sich hier um zwei Seiten eines dialektischen Prozesses.

Auf keinen Fall darf dieser reale Widerspruch – wie übrigens auch andere in der modernen Welt – mit Mitteln der Gewalt gelöst werden. Die gordischen Knoten unserer Zeit zu zerhauen, käme uns teuer zu stehen, hätte vielleicht nicht wiedergutzumachende Folgen.

Die wichtigste Schlußfolgerung, die die Politik aus dem neuen Zustand der Welt zu ziehen hat, lautet also: Die Interessen anderer Staaten, großer und kleiner, müssen uneingeschränkt respektiert, in den internationalen Beziehungen muß ein realer Ausgleich der Interessen gefunden werden.

Dabei ist es für jeden Staat wichtig, die eigenen Interessen richtig zu definieren. Es darf einzelnen egoistischen Gruppen mit hegemonistischen Ambitionen nicht gestattet werden, ihr eigensüchtiges Interesse als das des Staates, der ganzen Nation auszugeben. Hier sind Verantwortungsbewußtsein und ehrliche Absichten der Politiker jedes einzelnen Landes gefragt. Schließlich sei noch eine dritte Gruppe von Problemen genannt, die den Kern des Neuen Denkens ausmachen. Sie betreffen das Wesen der modernen Rüstung im Zeitalter von Atomwaffen und Raketen. Von der Notwendigkeit eines Neuen Denkens im Atomzeitalter sprach als einer der ersten Albert Einstein. Aber seine Warnung fand kein Gehör. (Die Schlußfolgerungen der Wissenschaftler werden bis heute nicht genügend beachtet, in der Regel sogar ignoriert.) Dabei haben bereits die ersten Atombombenexplosionen in Hiroshima und Nagasaki gezeigt, daß eine neue Ära in der Geschichte der Menschheit begonnen hat. Zum ersten Mal in ihrer Geschichte ist sie sterblich geworden. Das Jüngste Gericht ist keine biblische Allegorie mehr, sondern kann zur selbstverschuldeten Tragödie werden.

Das Begreifen dieser Wahrheit war für uns der entscheidende Impuls dafür, alte Dogmen und Klischees zu überprüfen, nach neuen Ideen und einer neuen Politik zu suchen. Davon war die Erklärung des Generalsekretärs des ZK der KPdSU vom 15. Januar 1986 diktiert, deren Hauptanliegen in dem Vorschlag bestand, erste praktische Schritte zu einer atomwaffenfreien Welt im 21. Jahrhundert zu gehen.

Das tiefere Nachdenken über die Situation und die möglichen Folgen der Anwendung von Massenvernichtungswaffen führte zu theoretischen und politischen Schlußfolgerungen von grundsätzlicher Bedeutung. Die erste Schlußfolgerung lief darauf hinaus, daß der Charakter der modernen Waffen keinem Staat mehr die Hoffnung läßt, sich allein mit militärtechnischen Mitteln, durch den Aufbau seiner Verteidigung, und sei es der allerstärksten, zu verteidigen. Die Gewährleistung der Sicherheit wird immer mehr zu einer politischen Aufgabe, die vor allem mit politischen Mitteln gelöst werden muß. Politische Mittel sind Verhandlungen, Verhandlungen und nochmals Verhandlungen; Verhandlungen – wie bereits gesagt – auf der Grundlage des Interessenausgleichs aller beteiligten Seiten, ihrer wahrhaften Gleichberechtigung, des Verzichts auf die Methode des Nullsummenspiels. Verhandlungen, die Toleranz und die beharrliche Suche nach gegenseitig annehmbaren Kompromißlösungen voraussetzen. Sicherheit kann nicht länger auf der Furcht vor unausbleiblicher Vergeltung beruhen, das heißt, mit Hilfe von Zügelungs- oder Abschreckungsdoktrinen erreicht werden. Der einzig richtige Weg ist die Beseitigung der Atomwaffen, die Reduzierung und Begrenzung der Rüstung überhaupt.

In der Geschichte galt als Rechtfertigung des Krieges, als sein »rationaler Sinn«, die Möglichkeit, bestimmte politische Ziele mit militärischen Mitteln zu erreichen. Aber ein Atomkrieg ist sinnlos und irrational. Heute, da Atomkraftwerke, Produktions- und Lagerstätten für atomaren Brennstoff, Betriebe der chemischen und der petrochemischen Industrie überall verstreut sind, deren Zerstörung für sich genommen gigantische Katastrophen auslösen würde, ist auch ein Krieg mit konventionellen Waffen, was die Folgen betrifft, einem

Atomkrieg gleichzusetzen. Wir stehen also vor einer völlig neuen Situation.

Da eine Lösung internationaler Widersprüche mit militärischen Mitteln oder gar durch den Einsatz von Atomwaffen unmöglich geworden ist, entsteht eine neue Dialektik von Stärke und Sicherheit. Krieg ist ein untaugliches Mittel, um politische Ziele zu erreichen. Er kann aber durchaus die ganze Menschheit ins Verderben stürzen.

Daraus ergibt sich unsere zweite Schlußfolgerung: Die Politik der Stärke hat sich in unserer Zeit grundsätzlich überlebt. Mancher versucht allerdings zu beweisen, daß dies nicht so sei, daß Kriege die Fortsetzung der Politik sein und bestimmte Ergebnisse bringen könnten. Jedoch alle Erfahrungen der Zeit seit dem Zweiten Weltkrieg haben gezeigt: Kein einziger bewaffneter Konflikt hat den Beteiligten, vor allem den Initiatoren, substantielle politische Dividende gebracht. Eine Welt der Gewalt ist innerlich labil, was man darüber auch immer sagen mag. Sie beruht auf Konfrontation, verdeckter oder offener; sie trägt die ständige Gefahr neuer Eruptionen in sich; sie verführt zu immer neuen Versuchen, Ambitionen mit Waffengewalt durchzusetzen.

In der modernen Welt werden das Ansehen eines Staates, sein Platz in der internationalen Gemeinschaft immer weniger von Zahl und Stärke seiner Armee bestimmt werden, sondern vom Niveau seiner Zivilisation, von seinem Einsatz für die allgemeinen Menschheitsinteressen, von Freiheit und Wohlstand seines Volkes, von der Fähigkeit, seine Eigenständigkeit nicht auf Kosten anderer, sondern in ehrlicher Zusammenarbeit zum gegenseitigen Vorteil zu bewahren und zu bereichern.

Eine wechselseitig abhängige, zusammenarbeitende und sich gemeinsam entwickelnde Welt schließt eine Politik der Stärke grundsätzlich aus, da diese ihrem Wesen, den Normen ihrer Moral und Sittlichkeit absolut widerspricht. Die Denk- und Verhaltensweisen, von denen sich die Menschheit jahrhundertelang leiten ließ, müssen künftig der Vergangenheit angehören. Natürlich fällt es schwer, sich von der Politik der Stärke als einer Dimension der Sicherheit loszusagen. Ein solcher Verzicht wird in der überschaubaren Zukunft wohl kaum Realität werden. Schließlich tummeln sich auf der weltpolitischen Bühne noch genügend verantwortungslose Politiker, die dazu fähig sind, »einen Weltbrand zu entzünden, um sich ein Ei zu braten«.

Bei minimaler Verständigung unter der Mehrheit der Mitglieder der Weltgemeinschaft kann es jedoch gelingen, daß der Spielraum für eine Politik der Stärke mehr und mehr eingeengt wird, daß jede Anwendung von Gewalt unverzüglich auf breiteste Verurteilung trifft.

Die dritte Schlußfolgerung ist eine logische Fortsetzung der ersten beiden. Unter den heutigen Bedingungen kann die Sicherheit (vor allem der atomaren Großmächte) nur gegenseitig und – im globalen Rahmen – nur allumfassend sein.

Dieser Gedanke inspirierte die sowjetische Politik, die bereits 1986 ein Programm zum Aufbau eines allumfassenden Systems der internationalen Sicherheit vorlegte, das nicht nur den militärischen, sondern auch den politischen, den wirtschaftlichen und den humanitären Bereich umfaßt. Denn im Zeitalter der Globalisierung der internationalen Prozesse bedeutet Interdependenz nicht nur, daß sich die Schicksale der Staaten und Völker immer enger miteinander verflechten, sondern auch, daß die verschiedenen Bereiche menschlicher Tätigkeit, die verschiedenen Aspekte der Sicherheit der Menschen immer enger miteinander zusammenhängen.

Theorie und Methodologie des Neuen Denkens lag das Streben zugrunde, Politik und Moral in den internationalen Angelegenheiten eng miteinander zu verknüpfen. Das ist eine höchst komplizierte Aufgabe, von der in Vergangenheit und Gegenwart stets viel gesprochen wurde, die aber niemals gelöst werden konnte. Auch in den Jahren der Perestroika gelang dies nicht in vollem Maße. Trotzdem ist unbestreitbar, daß die in dieser Zeit getroffenen grundsätzlichen internationalen Entscheidungen im Prinzip moralischen Grundsätzen gerecht wurden. Zugleich wichen auch in dieser Zeit nicht wenige Staaten in ihrer konkreten Politik von diesen Grundsätzen ab.

Das Nachdenken über das Wesen der Probleme der modernen Welt, über Lösungswege, über die Prinzipien der Beziehungen zwischen den Staaten und Völkern führte allmählich zu dem Schluß: Wenn man die künftige Entwicklung der Menschheit sichern und ihr neue Horizonte erschließen will, dann reicht es nicht aus, sich allein auf den Bereich der internationalen Beziehungen, des Verhältnisses zwischen den Staaten zu beschränken. Letzten Endes läuft alles auf die Grundlagen der Existenz der menschlichen Gesellschaft, auf die tiefer liegenden Prozesse hinaus, die das Dasein der Gemeinschaft der Menschen bestimmen.

Allmählich, Schritt für Schritt gewann der Gedanke Gestalt, daß es nicht nur um einen Wandel in der internationalen Politik gehen konnte, die, wenn wir es in unserer traditionellen Sprache ausdrücken, nichts anderes ist als ein Überbau. Es muß darum gehen, das Wesen unserer Zivilisation, ihre grundlegenden Parameter zu verändern.

»Gebraucht wird eine neue Revolution des Bewußtseins«, hieß es bei der Begegnung auf dem Capitol in Rom am 30. November 1989. »Nur auf dieser Grundlage können eine neue

Kultur und Politik entstehen, die den Herausforderungen unserer Zeit gerecht werden. Ausgangspunkte für diese Prüfung, für die Lösung dieser weltgeschichtlichen Aufgabe sind die ewigen moralischen Gebote, die einfachen Gesetze von Sittlichkeit und Menschlichkeit, von denen schon Marx sprach.«

Noch prägnanter wurde diese neue Problemstellung beim Treffen mit Vertretern der geistigen und kulturellen Elite der USA am 31. Mai 1990 formuliert. »Mir scheint«, führte der Präsident der UdSSR dort aus, »daß in der letzten Zeit eine Idee immer deutlicher in den Vordergrund tritt und das Denken der Menschen an der Schwelle zum 21. Jahrhundert beherrscht. Das ist die Idee von der weltweiten Einheit. Ihre praktische Verwirklichung ist eine epochale Aufgabe... Der Aufstieg der Menschheit zur Realisierung ihrer geschichtlichen Bestimmung muß sich ohne bleibende Schäden für die Umwelt, ohne Ausbeutung des Menschen und ganzer Völker, ohne unwiederbringliche moralische und geistige Verluste vollziehen. Es ist schwer und ungewohnt, eine neue Zivilisation zu bauen.«

Diese Ideen konnten bis Ende 1991 nicht mehr umfassend angewandt werden. So wurden sie gleichsam zum geistigen Schlußakkord der Arbeit an der Ausprägung des Neuen Denkens.

Bisher war lediglich von den Hauptthesen des Neuen Denkens die Rede, wie sie in der Zeit von 1985–1991 formuliert und angewandt wurden. Sie haben eine theoretische Weiterentwicklung erfahren, von der noch die Rede sein wird. Hier soll zunächst auf die Frage eingegangen werden, wie sich die Umsetzung der Prinzipien des Neuen Denkens auf die reale Lage jener Zeit ausgewirkt hat.

Die Überwindung des Kalten Krieges

Mit dem Neuen Denken entstand eine völlig neue Grundlage für die praktische Außenpolitik der Sowjetunion.

Vor allem wurde damit die früheren Konzeptionen innewohnende Widersprüchlichkeit überwunden. Denn wieviel man auch von friedlicher Koexistenz sprechen mochte, solange man davon ausging, daß die Welt geteilt war und letzten Endes der eine Teil den Sieg über den anderen davontragen mußte, blieb es unweigerlich bei einer Politik der Konfrontation, die durch die Auseinandersetzung mit der anderen Seite vorbestimmt war.

Das Neue Denken schuf die reale Möglichkeit, die richtig verstandenen Interessen unseres Landes und die Interessen der gesamten Menschheit miteinander in Einklang zu bringen. Beim Übergang vom 20. zum 21. Jahrhundert eröffnete sich die Möglichkeit, mit allen Staaten fruchtbar zusammenzuarbeiten, genauer gesagt, mit denen, die zu einer solchen Zusammenarbeit mit der Sowjetunion auf gleichberechtigter Grundlage bereit waren. Schließlich setzte die Methodologie der Politik, die auf dem Neuen Denken beruhte, auf das Primat einer Politik der Vernunft (und nicht auf die Unvernunft der Politik der Stärke), auf die gegenseitige Achtung der Rechte und Interessen der Staaten (und nicht darauf, anderen die eigene Position aufzuzwingen), auf Toleranz und die Suche nach gegenseitig annehmbaren Lösungen durch Verhandlungen. Diese Methodologie eröffnete neue Möglichkeiten, alle, auch äußerst schwierige, komplexe und vernachlässigte Probleme einer Lösung zuzuführen.

Das erste Dokument, in dem die neuen konzeptionellen Ideen und praktischen Vorschläge umfassend dargelegt wurden, war die bereits erwähnte Erklärung des Generalsekretärs vom 15. Januar 1986, die Erklärung, die den Weg zu einer atomwaffenfreien Welt wies. Die darin enthaltenen Vorschläge wurden im Westen und zum Teil auch in unserem Land zunächst für utopisch und unrealisierbar erklärt. Im besten Fall sah man sie als geschickte Propagandaübung an. Aber die sowjetische Diplomatie arbeitete beharrlich an der Verwirklichung dieser Ideen, formulierte Schritt für Schritt ganz konkrete und realisierbare Initiativen, bewies in den entsprechenden Verhandlungen die notwendige Bereitschaft zu gegenseitig annehmbaren und beiderseitig nützlichen Kompromissen, die die Sicherheit keiner Seite verletzten. Das war eine schwierige Sache, die es erforderte, daß nicht nur Diplomaten und Wissenschaftler, sondern auch Militärs, Verantwortliche der Wirtschaft, Vertreter des militärisch-industriellen Komplexes und der Öffentlichkeit einbezogen wurden. Diese Diskussionen und Abstimmungen führten zu einer Präzisierung und Vervollkommnung der Verhandlungsplattform, die flexibler, aber auch fester und härter wurde, um die Gegenseite zu entsprechenden Schritten zu bewegen.

Als Ergebnis dieser Bemühungen wurde im Dezember 1987 der sowjetisch-amerikanische Vertrag über die Liquidierung der Raketen mittlerer und geringerer Reichweite unterzeichnet. Das war der erste Vertrag in der Geschichte, der die Vernichtung einer ganzen Klasse atomarer Waffen auf beiden Seiten festlegte. Die Bedeutung dieses Schrittes kann nicht hoch genug bewertet werden.

Im Ergebnis lang andauernder, sehr komplizierter und angespannter Verhandlungen kam es dann im Juli 1991 zur Unterzeichnung des sowjetisch-amerikanischen Vertrages über die bedeutende Reduzierung der strategischen Offensivwaffen. Für seine Realisierung ist viel getan worden. Mehr noch, im Jahr 1992 folgte die Grundsatzvereinbarung, die strategischen Atomwaffen weiter zu reduzieren. 1996 wurde der Vertrag über die vollständige Einstellung der Atomwaffenversuche (in Erfüllung des im Jahre 1995 auf unbefristete Zeit verlängerten Vertrages über die Nichtweiterverbreitung von Atomwaffen) unterzeichnet.

Heute auf alle diese Schritte verweisen zu können, ist uns eine große Befriedigung, denn die Vorschläge vom 15. Januar 1986 sind somit keine Utopie geblieben. Der Weg zu einer atomwaffenfreien Welt mag länger sein, als es wünschenswert wäre, aber bei gutem Willen der Mitglieder der Weltgemeinschaft, vor allem der Atommächte, aber auch der Schwellenländer, kann dieses edle, lebenserhaltende Ziel letzten Endes doch erreicht werden! Die Erklärung vom 15. Januar 1986 enthielt neben dem Vorschlag über die Errichtung einer atomwaffenfreien Welt auch Gedanken zur Reduzierung der konventionellen Waffen in Europa. Die Verhandlungen darüber hielten bis 1990 an. Schließlich wurde im November dieses Jahres in Paris ein entsprechender Vertrag unterzeichnet. Auch die Reduzierung der konventionellen Waffen in Europa ist nun bereits eine Tatsache, wenn dieser Prozeß auch kompliziert und nicht ohne Konflikte verläuft und die geopolitischen Veränderungen der neunziger Jahre es notwendig machen, neue Elemente in diesen Vertrag einzubringen. Die Realisierung der Verträge sowohl über die Atomwaffen als auch über die konventionelle Rüstung geht unter strenger internationaler Kontrolle vor sich, die verschiedene Formen annimmt – vom Vertrag über die Zusammenarbeit bei Beobachtungsflügen (»Open Sky«) bis zu Inspektionen vor Ort. Die Beschlüsse über die Kontrolle (für die ebenfalls komplizierte Verhandlungen erforderlich waren) beweisen für sich genommen, wie stark das gegenseitige Vertrauen gewachsen ist. Zugleich regten sie zur Erweiterung der Kontakte zwischen den Militärs der verschiedenen Seiten an, was wiederum das gegenseitige Verständnis stärkt.

In der Zeit der Perestroika werden die Verhandlungen über das Verbot der chemischen, bakteriologischen und biologischen Waffen spürbar vorangetrieben. Auch hier kann auf konkrete Ergebnisse verwiesen werden. Die Herstellung chemischer Waffen ist eingestellt, man kam überein, die vorhandenen Vorräte dieser Waffen zu vernichten.

Auch wenn die Impulse des Neuen Denkens nur die genannten Ergebnisse – die Einstellung des atomaren Wettrüstens, die Reduzierung der Atomwaffen und der konventionellen Waffen in Europa sowie die Liquidierung der Chemiewaffenarsenale – gehabt hätten, so wären selbst das Ereignisse von enormer Bedeutung gewesen. Denn das Wettrüsten war einerseits eine Folge des Kalten Krieges, zugleich aber auch die Triebkraft, die diesem immer wieder neue Impulse verlieh. Die Beschlüsse über die Rüstungsreduzierung waren faktisch der wichtigste Schritt zum Abbau der Konfrontation, zur Gesundung des Ost-West-Verhältnisses. Wir haben bereits die Vorschläge des XXVII. Parteitages der KPdSU zum Aufbau eines Systems umfassender internationaler Sicherheit erwähnt, die den ganzen Komplex dieser Probleme betrafen. Diese Vorschläge wurden in die Sprache konkreter diplomatischer Dokumente und Initiativen umgesetzt, die man u. a. an die UNO richtete. In den Jahren bis 1991 beschloß diese weltweite Organisation vier Dokumente zur Unterstützung der sowjetischen Konzeption und formulierte konkrete Wünsche zur Art und Weise ihrer Umsetzung.

Leider sind in der Folgezeit nicht alle diese Beschlüsse realisiert worden. Viele hat man einfach vergessen. Das aber ist auf die Veränderungen in der Welt nach dem Zerfall der Sowjetunion (und in dessen Ergebnis) zurückzuführen.

Nach 1986 wurde die Idee der umfassenden Sicherheit in zwei Vorschlägen für bestimmte Regionen konkretisiert.

Der erste betraf die Errichtung des Gemeinsamen Hauses Europa. Diese Idee, die Michail Gorbatschow bereits 1985 in Paris angesprochen hatte, wurde nun in der Rede des Vorsitzenden des Obersten Sowjets der UdSSR auf der Sitzung des Europarates von 1989 ausführlich dargelegt. Ergänzungen und weitere Einzelheiten folgten 1990. Sie dienten der Weiterentwicklung des Grundgedankens.

Zunächst ging es darum, zum Abbau der Konfrontation in Europa und zur Anbahnung normaler, gegenseitig vorteilhafter und natürlich friedlicher Beziehungen zwischen allen Staaten des Kontinents beizutragen. Bei der Realisierung dieser Idee entwickelten sich umfangreiche bilaterale Kontakte der UdSSR zu Frankreich, Italien, Spanien, der Bundesrepublik Deutschland und anderen Staaten. In den Jahren 1989 und 1990 schlossen sie gewichtige Verträge über allseitige Zusammenarbeit ab. Das Verhältnis Moskaus zur Europäischen Union normalisierte sich (ist allerdings bis heute nicht endgültig formalisiert).

In der folgenden Etappe wurde das Ziel weiter gesteckt. Nach Beendigung der Konfrontation ging es nun darum, in Europa ein verzweigtes System langfristiger und stabiler friedlicher Zusammenarbeit zu schaffen. Dem diente der Vorschlag, den europäischen Prozeß weiter zu institutionalisieren, neue Strukturen aufzubauen, die in der Lage waren, die Entwicklung der Zusammenarbeit zu fördern, neue Konflikte in Europa zu verhindern und ihnen mit politischen Mitteln vorzubeugen.

Diese Ideen wurden von den europäischen Staaten, den USA und Kanada positiv aufgenommen, was seinen Niederschlag in der Pariser Charta für ein neues Europa vom November 1990 fand. In diesem Dokument sind die Grundsätze und Normen der internationalen Beziehungen in Europa ausführlich dargelegt, die die Erfordernisse der neuen Zeit widerspiegeln. Zwar wurden danach noch einige organisatorische Schritte gegangen, aber die in diesem Dokument festgehaltenen Aufgaben sind insgesamt nicht realisiert worden. Auch das ist in bedeutendem Maße auf den Zerfall der UdSSR zurückzuführen.

Der zweite Vorschlag zur Konkretisierung der Idee, ein umfassendes System der internationalen Sicherheit aufzubauen, betraf die asiatische Region. Im Jahre 1986 und danach noch einmal 1989 ergriff die sowjetische Führung die Initiative zur Schaffung eines Systems der Sicherheit und Zusammenarbeit im asiatisch-pazifischen Raum. Dabei hatte man nicht im Auge, die für Europa bestimmten Vorschläge einfach auf den asiatischen Kontinent zu übertragen. Von einem »Asiatischen Haus« war nicht die Rede, denn die Situation in dieser Region unterschied sich grundsätzlich von der in Europa. Aber auch auf diesem Kontinent mit höchst gefährlichen Konfliktherden war die Notwendigkeit offensichtlich, kollektive Anstrengungen zu unternehmen.

Zunächst kamen diese Ideen in Asien nur mühsam voran. Und wenn es auch bis heute zu einem geschlossenen System friedlicher Beziehungen auf dem ganzen asiatischen Kontinent noch ein weiter Weg ist, kam es doch in den folgenden Jahren zu gewissen positiven Veränderungen. Die Ideen von Wladiwostok und Krasnojarsk begannen zu wirken. Sie waren im Gespräch. In Japan entstand ein »Runder Tisch«, wo diese Vorschläge regelmäßig erörtert werden. Die Zusammenarbeit zwischen den Staaten der Region entwickelte sich aktiver.

Von großer Bedeutung war in diesem Zusammenhang die mit der Regelung einer Reihe strittiger Probleme, darunter auch der Grenzfrage, verbundene Normalisierung der Beziehungen zwischen der UdSSR und China im Jahre 1990, in denen faktisch seit Ende der fünfziger/Anfang der sechziger Jahre gefährliche Spannungen herrschten. Wichtig war auch die Wiederaufnahme des normalen Dialogs zwischen der UdSSR und Japan im Jahre 1991 und die völlig neue Anbahnung von Beziehungen zwischen der UdSSR und der Republik Korea.

Bereits im Jahr 1985 hatte der Generalsekretär des ZK der KPdSU ein abgestimmtes Vorgehen der UdSSR, der USA und anderer Staaten der Weltgemeinschaft zur Regelung regionaler Konflikte mit politischen Mitteln vorgeschlagen. Viele dieser Konflikte waren entweder direkter Ausdruck der Auseinandersetzung zwischen der UdSSR und den USA oder wurden von beiden Seiten aktiv dafür genutzt, um ihre Positionen in einzelnen Regionen gegenseitig zu schwächen.

Dabei wurden die wirklichen Interessen der Völker dieser Länder, milde gesagt, nur in sehr geringem Maße berücksichtigt, zuweilen auch offen mißachtet. Die Politik des Neuen Denkens zielte nun konsequent darauf, den Frieden überall wiederherzustellen, wo er gestört war, das Recht der betroffenen Völker auf die freie Wahl ihres Entwicklungsweges uneingeschränkt zu achten und jegliche Einmischung in deren innere Angelegenheiten zu unterbinden.

Bereits 1985 wurde im sowjetischen Politbüro über die Beendigung des Krieges in Afghanistan debattiert. Im politischen Bericht des ZK der KPdSU an den XXVII. Parteitag im Februar 1986 folgte dann die öffentliche Erklärung, daß dieser Krieg eingestellt werden müsse. Bald darauf wurde ein Teil der sowjetischen Truppen aus Afghanistan abgezogen. Einige Zeit später verließen alle sowjetischen Einheiten afghanisches Gebiet. Das geschah am 15. Februar 1989. Ein unglückseliges, schmachvolles Kapitel der Geschichte der Sowjetunion war damit zu Ende.

Heute wird oft die Frage gestellt, warum Gorbatschow diesem Krieg nicht schon 1985 ein Ende bereitete.

Hier gilt es erstens zu berücksichtigen, daß es in der sowjetischen Führung Leute gab, die der Meinung waren, Eile sei nicht geboten, wenn die Truppen überhaupt aus Afghanistan abgezogen werden sollten. Die Hauptsache ist jedoch, daß zweitens auch andere Staaten an den Ereignissen um Afghanistan beteiligt waren, vor allem Pakistan und der Iran, aber auch die USA, die die afghanischen Mudjaheddin mit Waffen versorgten und Pakistan aktiv unterstützten. Um die Truppen abzuziehen, mußten zunächst die notwendigen äußeren Bedingungen geschaffen werden. Dafür waren langwierige diplomatische Verhandlungen notwendig, die erst am 15. Mai 1988 mit den entsprechenden Vereinbarungen abgeschlossen werden konnten. Unmittelbar danach begann der Abzug der sowjetischen Truppen.

Bereits bei ihrer ersten Begegnung im November 1985 in Genf kamen die führenden Repräsentanten der Sowjetunion und der USA überein, zur Beendigung lokaler Konflikte beizutragen. Etwas später setzten gemeinsame Aktionen beider Staaten ein, die sich ihrerseits mit den betroffenen Seiten abstimmten, um die Konflikte auf dem afrikanischen Kontinent (in Namibia, Angola und Moçambique), in Asien (in erster Linie in Kambodscha) und Mittelamerika einer Lösung zuzuführen. In einigen Fällen brachten diese gemeinsamen Bemühungen durchaus zufriedenstellende Ergebnisse. Das kann man für Namibia und auch für Mittelamerika sagen. In anderen Fällen sind die Probleme bis heute nicht gelöst. Aber ein Friedensprozeß wurde überall eingeleitet.

Hier soll auch daran erinnert werden, daß seit dem Ausbruch des regionalen Konfliktes in Jugoslawien ganz am Ende der Perestroika der Präsident der Sowjetunion die Ereignisse von Anfang an mit größtem Interesse verfolgte, obwohl dies für ihn die schwerste Zeit zwischen dem Augustputsch von 1991 und dem Zerfall der Sowjetunion am Ende jenes Jahres war.

Seine Position, die er George Bush, dem österreichischen Bundeskanzler Franz Vranitzky und danach auch den nach Moskau eingeladenen Führern Kroatiens und Serbiens darlegte, lief darauf hinaus, daß die an dem Konflikt beteiligten Seiten sich an den Verhandlungstisch setzen und dort ihre Probleme klären sollten. Man könne nicht zulassen, daß es zu einer Tragödie komme. Auf keinen Fall dürfe man zu den Waffen greifen, denn das werde den Völkern schaden und sich lange hinziehen. Tudjman und Milosevic unterzeichneten sogar ein Kommuniqué über die Einstellung der Kriegshandlungen und die friedliche Lösung der entstandenen Probleme. Aber diese Initiative wurde nach dem Zerfall der UdSSR nicht weitergeführt.

In diese letzte Phase der Tätigkeit des sowjetischen Präsidenten fiel auch die Eröffnung der internationalen Konferenz zur Lösung der Nahostfrage am 1. Oktober 1991 in Madrid. Den Vorsitz teilten sich die UdSSR und die USA. Der Eröffnung dieser Konferenz waren langwierige vorbereitende Verhandlungen vorausgegangen.

Die Sowjetunion hatte sich seit Jahren für die Einberufung einer solchen Konferenz ausgesprochen. Die Vereinigten Staaten nahmen lange Zeit eine abwartende Haltung ein. Erst als das Verhältnis zwischen Moskau und Washington eine wirkliche Normalisierung erfuhr und der Golfkrieg bewies, daß eine Lösung der Nahostfrage nicht länger hinausgezögert werden konnte, stimmten sie diesem sowjetischen Vorschlag zu.

Die Madrider Konferenz war der Auftakt zu einem äußerst komplizierten Prozeß – schließlich ging es um den ältesten Konflikt der Nachkriegszeit –, der bis heute anhält und durchaus sichtbare, wenn auch nicht endgültige positive Ergebnisse gebracht hat.

Besondere Aufmerksamkeit verdienen die Beziehungen der UdSSR zu den Staaten Mittel- und Osteuropas. Bis heute wird gefragt, wie sich die UdSSR mit den »friedlichen Revolutionen« in diesen Ländern abfinden konnte, warum sie nicht alles tat, was in ihrer Macht stand, um diese Länder in ihrer Einflußsphäre zu halten. Wer so fragt, hat nach unserer Meinung die Politik der Perestroika immer noch nicht verstanden oder will sich mit der tiefgreifenden Wende nicht abfinden, die diese herbeiführte. Mit anderen Worten, dies zeugt vom Beharren auf einer alten Politik, die das Recht der Völker auf die freie Wahl ihres Entwicklungsweges nach wie vor nicht anerkennt und an einem imperialen Kurs festhalten möchte. Die Erneuerung der Außenpolitik erfaßte, wie bereits gesagt, das gesamte Spektrum der Beziehungen der UdSSR zu anderen Staaten. Der sowjetischen Führung war klar, daß Inhalt und Charakter der Beziehungen der Sowjetunion zu den sozialistischen Ländern gleichsam als Lackmustest für ihre Absichten angesehen wurden. Dabei ging es nicht nur darum, bei anderen Staaten (die sozialistischen eingeschlossen) das notwendige Vertrauen zur sowjetischen Politik zu erwecken. Vor allem das sowjetische Volk selbst mußte zu dieser Politik Vertrauen gewinnen.

Als die sowjetische Führung die Perestroika einleitete, deren Sinn darin bestand, dem eigenen Volk die Freiheit zu bringen, konnte sie gegenüber den Staaten Mittel- und Osteuropas nicht andere Kriterien anwenden. Die Einmischung in die inneren Angelegenheiten der Nachbarländer wurde eingestellt. Aus Moskau kamen keine Ratschläge oder gar Weisungen mehr. Die Sowjetunion, die die Perestroika durchführte und davon überzeugt war, daß das Erbe des Stalinismus überall überwunden werden mußte, hatte zugleich keinerlei Absicht, ihre Erfahrungen und Ziele zu exportieren. Wenn führende Vertreter der Sowjetunion Staaten des Warschauer Paktes besuchten, informierten sie natürlich darüber, was in der Sowjetunion vorging und weiter beabsichtigt war. Dabei gab es keine Spur von Druck. Dies wurde uns zuweilen sogar übelgenommen, insbesondere von Politikern dort, die die Notwendigkeit von Veränderungen erkannten und wünschten, Moskau möge ihre Staatsführer in diese Richtung drängen. Moskau blieb jedoch seiner Linie treu. Als in den Staaten Osteuropas Veränderungen einsetzten, wurden die Ergebnisse des Volkswillens unverzüglich als legitim, als freie Entscheidung des jeweiligen Volkes über den eigenen Entwicklungsweg anerkannt.

Die neuen Grundsätze und Methoden der sowjetischen Außenpolitik in der Zeit der Perestroika spielten bei der Vereinigung Deutschlands eine entscheidende Rolle.

Die Sowjetunion, der bewußt war, welch anomalen Zustand die Spaltung der deutschen Nation darstellte, hatte den Westmächten auch in der Vergangenheit, bis zum Jahre 1959, in verschiedener Form Vorschläge zur Vereinigung Deutschlands unterbreitet. Der Westen hielt sie für Propaganda und wies sie regelmäßig zurück. In gewissem Maße waren sie tatsächlich propagandistischer Natur. Aber unsere Gesprächspartner haben auch nicht ein einziges Mal versucht, Moskau beim Wort zu nehmen.

Als die Perestroika begann, stand die Wiedervereinigung Deutschlands nicht als aktuelles Problem auf der Tagesordnung. Dabei war in Moskau von Anfang an klar, daß es früher oder später akut werden mußte.

Wie sich die Entwicklung dann konkret gestaltete, wurde in vielerlei Hinsicht durch die Situation in der DDR bestimmt. Dort lebte das Volk materiell besser als in anderen Staaten des Ostblocks. Was jedoch die politischen Freiheiten betraf, so war es um sie nicht günstig bestellt. Die Demokratisierungsprozesse in unserem Lande führten dazu, daß die Unzufriedenheit der Bürger der DDR über die Härte des Regimes immer deutlicher sichtbar wurde. Die Bundesrepublik sprach gegenüber Moskau die Frage der Wiedervereinigung nicht offen an, allerdings wiesen die Bonner Repräsentanten auf den anomalen Zustand der Spaltung des Landes hin. Darauf folgte in der Regel die Antwort: Die Spaltung Deutschlands ist ein Ergebnis der Geschichte, und die Geschichte wird das Problem eines Tages lösen. Das heißt, die sowjetische Seite schloß die Möglichkeit der Wiedervereinigung nicht kategorisch aus, wollte sie aber der Zukunft überlassen. Diesen Gedanken bekräftigte Michail Gorbatschow bei seinem Besuch in Bonn im Juni 1989.

Im Herbst desselben Jahres jedoch überstürzten sich die Ereignisse – ausgelöst von den Bürgern der DDR selbst. Eine Massenflucht in die BRD setzte ein – zunächst über Ungarn, dann über die Tschechoslowakei. Manchem war jeder Weg recht, auch über die Mauer, was Gefahr für Leib und Leben bedeutete. Im Land selbst verstärkten sich Äußerungen des Unmuts.

Den Deutschen in der DDR war zu diesem Zeitpunkt klar, daß die Sowjetunion keine Gewalt anwenden würde, um die Wiedervereinigung zu verhindern. Das war für sie das Signal, daß der Wille zur Einheit eine Chance hatte. Der Druck auf die Führung der DDR wuchs. Er führte schließlich dazu, daß die alte Führung unter Erich Honecker zurücktrat, die Berliner Mauer, dieses Symbol der Spaltung nicht nur Deutschlands, sondern ganz Europas, fiel und schließlich das Brandenburger Tor geöffnet wurde.

Unter diesen Bedingungen handelte Moskau optimal: Es schloß die Anwendung von Gewalt, den Einsatz der in der DDR stationierten sowjetischen Truppen aus und tat alles, was in seiner Macht stand, damit die Prozesse friedlich abliefen und die Lebensinteressen weder der UdSSR noch der DDR noch der BRD verletzt wurden oder der Frieden in Europa in Gefahr geriet. Hier ist allerdings zu betonen, daß es zu diesem Zeitpunkt keinerlei Aktionsprogramm oder konkreten Lösungsplan gab.

Anfang November hoffte man in Moskau noch, die neue Führung der DDR (an deren Spitze inzwischen Egon Krenz stand) könnte die Situation in den Griff bekommen und, falls die Frage der Vereinigung akut würde, diese in Etappen realisieren und die DDR noch möglichst lange erhalten. Aber die Dinge entwickelten sich immer schneller. Bereits im November setzte im Grunde genommen der Zerfall der staatlichen Strukturen der DDR ein.

Ende November 1989 trat Bundeskanzler Helmut Kohl mit seinen zehn Punkten hervor, die einen Plan der schrittweisen

Vereinigung Deutschlands darstellten. Dieser wurde zunächst von Gorbatschow scharf zurückgewiesen. Er sah darin einen Versuch des Kanzlers, gegen alle Loyalität die Situation auszunutzen und einseitig zu bestimmen. Die Verbündeten der Bundesrepublik Deutschland äußerten sich ebenfalls besorgt. US-Präsident George Bush sprach dieses gegenüber Gorbatschow offen aus. Auch in den Kontakten Gorbatschows mit den führenden Vertretern anderer Staaten, zum Beispiel Frankreichs, klang diese Sorge an.

Der neue Ministerpräsident der DDR, Hans Modrow, brachte jedoch bereits Anfang 1990 seinen eigenen Plan zur Vereinigung Deutschlands ins Gespräch. Ende Januar fand in Moskau eine große Beratung zur Deutschlandfrage statt. Nach hitzigen Debatten (das Protokoll dieser Beratung ist nicht veröffentlicht worden) formulierte Michail Gorbatschow seine Position so:

– Die Sowjetunion ergreift die Initiative zur Bildung einer Sechsergruppe (die vier Siegermächte UdSSR, USA, Großbritannien und Frankreich sowie die beiden deutschen Staaten DDR und BRD), um alle äußeren Aspekte des Vereinigungsprozesses zu erörtern.

– In der Politik gegenüber der Bundesrepublik Deutschland konzentriert sich die UdSSR auf Kohl, ohne dabei die SPD zu ignorieren.

– Der neue Ministerpräsident der DDR, Hans Modrow, und der neue Parteivorsitzende, Gregor Gysi, werden nach Moskau eingeladen.

– In der Deutschlandfrage wird enger Kontakt zu London und Paris gehalten.

– Marschall Sergej Achromejew bereitet den Abzug der sowjetischen Truppen aus der DDR vor.

Im Februar 1990 wurde auf der Konferenz zur »Open Sky«-Initiative in Ottawa eine Übereinkunft über die Bildung der Sechsergruppe (Zwei plus Vier) erzielt. Danach fanden drei Verhandlungsrunden in diesem Kreise statt.

An dieser Stelle sei darauf hingewiesen, daß die neue Führung der DDR in dieser Zeit selbst Eile an den Tag legte, ohne dabei die möglichen Folgen zu bedenken. Am 13. Februar begannen in Bonn Verhandlungen zwischen der DDR und der BRD über die Bildung einer Wirtschafts- und Währungsunion. Nach ihrem Abschluß verkündete Modrow die baldige Vereinigung beider Staaten. Am 24. Juni bestätigte die Volkskammer der DDR den in aller Eile ausgearbeiteten Entwurf eines Staatsvertrages über die Wirtschafts-, Währungs- und Sozialunion mit der BRD. Dieser trat am 1. Juli in Kraft. Inzwischen wurden in den Gesprächen im Kreise Zwei plus Vier, aber auch in bilateralen Verhandlungen zwischen der UdSSR und der BRD die äußeren Aspekte der Vereinigung Deutschlands lebhaft erörtert. Dazu gehörten die Bedingungen, nach denen sich die Vereinigung vollziehen sollte, die Anerkennung der bestehenden Grenzen (vor allem zu Polen) durch Deutschland, der Verzicht auf die Stationierung von NATO-Einheiten auf dem Gebiet der DDR (unter der Voraussetzung, daß das vereinigte Deutschland NATO-Mitglied blieb), der Zeitplan des Abzuges der sowjetischen Truppen von diesem Gebiet, die (finanzielle) Unterstützung des Abzuges durch die Bundesrepublik und andere Fragen von beiderseitigem Interesse. Entsprechende Vereinbarungen wurden getroffen und im Vertrag über die abschließende Regelung in bezug auf Deutschland fixiert. Die Unterzeichnung des Vertrages fand am 12. September 1990 in Moskau statt. Am 3. Oktober war die Vereinigung Deutschlands Realität.

Heute kann man zweifelsfrei feststellen: Hätte im Zentrum Europas die Zeitzünderbombe des geteilten Deutschlands fortbestanden, dann wäre es nicht möglich gewesen, die Konfrontation endgültig zu überwinden; der Frieden zwischen den Großmächten in Europa wäre instabil geblieben. Die Vereinigung verlief ruhig, ohne Komplikationen für eine der beiden Seiten, vor allem aber ohne Erschütterung der Stabilität in Europa. Sie ist ein weiterer Beweis dafür, daß das Neue Denken, das neue außenpolitische Vorgehen der Sowjetunion in der Zeit der Perestroika Früchte getragen hat.

Wenn von diesem neuen Vorgehen die Rede ist, kann ein weiteres wichtiges Ereignis vom Anfang der neunziger Jahre – die Krise im Persischen Golf – nicht mit Schweigen übergangen werden. Ohne auf bekannte Einzelheiten einzugehen, wollen wir hier nur folgendes darlegen:

Bis 1985 war die Sowjetunion mit dem Irak durch eine Reihe von Verträgen und Abkommen verbunden, wodurch dieses Land de facto zu ihren Verbündeten zählte. Wenn eine derartige Krise vor der Zeit des Neuen Denkens und der Beendigung der globalen Konfrontation ausgebrochen wäre, hätte das für die UdSSR eine schwierige Situation bedeutet. Aber die neue außenpolitische Orientierung gab ihr die Möglichkeit, die Grundsatzposition einzunehmen, daß eine Aggression nicht begünstigt werde, daß ein Aggressor aus einem Konflikt keine Vorteile ziehen darf. An diese Linie hielt sich Moskau von Anfang bis Ende der genannten Ereignisse.

Die Golfkrise war die erste ernste Prüfung für das neue Verhältnis, das sich zwischen der UdSSR einerseits, den USA und den anderen Staaten des Westens andererseits herausgebildet hatte. Diese Prüfung wurde bestanden, wenn auch nicht mit der Idealnote. Die Position der UdSSR unterschied sich in Nuancen von der der USA – aber eben nur in Nuancen, wenn diese auch bedeutsam waren. Moskau hielt es für zweckmäßig, es nicht zum Krieg kommen zu lassen. Aus seiner Sicht wäre es richtiger gewesen, den Irak mit friedlichen, politischen Mitteln zu zwingen, seine Verpflichtungen gegenüber der Weltgemeinschaft zu erfüllen, vor allem Kuwait in Frieden zu lassen und sich von seinem Territorium zurückzuziehen.

Entsprechende diplomatische Schritte wurden eingeleitet. Sie wurden jedoch vom Irak selbst zunichte gemacht, dessen Führung verbrecherischen Starrsinn an den Tag legte.

Der Golfkrieg konnte nicht verhindert werden. Damit war es nicht gelungen, den Weg einer politischen Beendigung des Konflikts zu gehen, die im Bereich des Möglichen lag. Man entschied sich wiederum für Gewalt als dem wirksamsten Mittel, das in der Zeit des Kalten Krieges vielfach erprobt war. In den USA ist man bis heute bei dieser Vorgehensweise geblieben.

Für die Weltpolitik war es jedoch ein äußerst wichtiger Präzedenzfall, daß alle Aktionen zur Unterbindung der Aggression und zur Bestrafung des Aggressors mit Zustimmung der UNO und im Rahmen entsprechender Beschlüsse ihres Sicherheitsrates erfolgten. Hier sei auf den Hauptaspekt der außenpolitischen Wende der Sowjetunion verwiesen. Diese hätte nicht vollzogen werden können, wenn die Perestroika im Land selbst nicht ein solches Niveau der Demokratisierung hervorgebracht hätte, das schließlich zur Überwindung des Totalitarismus führte, und wenn unser Land nicht den Weg von Glasnost und Freiheit eingeschlagen hätte.

Einerseits hätte es ohne die Perestroika im Land selbst nicht die Möglichkeit gegeben, die Außenpolitik zu verändern.

Andererseits war die Perestroika im Innern für die Außenwelt der überzeugendste Beweis für die ehrlichen Absichten der

Sowjetunion und ihrer Führung. Denn wie zahlreiche Dokumente des Westens bezeugen, sahen dessen Führer die Hauptgefahr für sich in der inneren Ordnung der UdSSR, im Totalitarismus, im Erbe des Stalinismus. Die Überwindung der totalitären Ordnung, der Verzicht auf die Stalinschen Dogmen in Theorie und Praxis waren für den Westen wie für die gesamte Außenwelt der Beweis für die Ehrlichkeit und wirkliche Friedensliebe der sowjetischen Politik. Wie bereits erwähnt, war die Haltung des Westens zur neuen sowjetischen Politik argwöhnisch und widersprüchlich – und das nicht nur in der ersten Zeit. Die Last der Vergangenheit, das tief im Bewußtsein sitzende Feindbild zeigten Wirkung. Auch durchaus reale unterschiedliche Interessen der UdSSR und der Staaten des Westens (die untereinander allerdings ebenfalls nicht immer übereinstimmen) spielten eine Rolle. Und natürlich hatte jedes Land auch seine spezifische Sicht auf die Sowjetunion, seine eigenen Bedenken und Ziele.

Ausgehend davon waren die Staaten des Westens in allen damaligen Verhandlungen gemeinsam (und jeder im einzelnen) bestrebt, den Druck zu verstärken, hier und da mehr Vorteile für sich herauszuholen, als vernünftig gewesen wäre. Wir widersetzten uns diesen Forderungen, waren unsererseits ständig auf der Hut und zeigten entsprechende Härte.

Insgesamt war es aber das konsequent ehrliche Vorgehen der sowjetischen Führung bei den konkreten Abrüstungsproblemen und anderen Fragen der internationalen Beziehungen, das Prozesse wieder in Gang brachte, die 1985 in einer gefährlichen Sackgasse steckten.

Das war nicht einfach – nicht nur in rein diplomatischer Hinsicht, sondern mehr und mehr auch im Bereich der Innenpolitik.

Die innere Perestroika demokratisierte nicht nur wesentlich die Außenpolitik, sondern auch die Art und Weise, wie außenpolitische Beschlüsse erarbeitet und gefaßt wurden. Eine wichtige Rolle spielte dabei die XIX. Parteikonferenz, wo offen die Forderung gestellt wurde, das Zustandekommen außenpolitischer Beschlüsse zu demokratisieren, Entscheidungen im engen Kreis (wie den Beschluß über den Truppeneinmarsch in Afghanistan) künftig auszuschließen, das Parlament aktiv in die Erörterung von Problemen der Außenpolitik einzubeziehen. Diese Demokratisierung, die der Außenpolitik im Lande selbst stärkeren Halt gab, erschwerte in gewisser Weise zugleich die diplomatische Tätigkeit.

Je höher die Wellen der innenpolitischen Debatten und Meinungsverschiedenheiten schlugen, die schließlich zu offener Konfrontation verschiedener Auffassungen und Strömungen führten, desto mehr wurde auch die Außenpolitik Gegenstand dieses Kampfes, stieß auf wachsenden Widerstand der konservativen Kräfte, der Parteinomenklatura und der ideologischen Gralshüter der poststalinistischen Schule.

Ungeachtet aller dieser inneren und äußeren Schwierigkeiten brachte die Außenpolitik der Perestroika, die von den Ideen des Neuen Denkens inspiriert war, substantielle und unbestreitbar positive Ergebnisse.

Das erste und wichtigste besteht darin, daß die Politik der Perestroika und des Neuen Denkens zur Beendigung des Kalten Krieges führte. Damit fand eine lang andauernde und potentiell äußerst gefährliche Periode der weltweiten Entwicklung ihren Abschluß, da die gesamte Menschheit mit der ständigen Gefahr eines atomaren Infernos gelebt hatte.

Bekanntlich wird seit Jahren darüber gestritten, wer in diesem »Krieg« gewonnen und wer verloren hat. Nach unserer

Meinung ist allein diese Fragestellung ein Rückfall in die Vergangenheit, in das Denken nach den Kategorien der Konfrontation.

Aus der Position der Vernunft ist unbestreitbar, daß die ganze Menschheit, jedes Land und jeder Mensch gewonnen haben. Die Gefahr eines atomaren Holocaust ist heute Geschichte. Natürlich nur, wenn es keinen generellen Rückfall gibt. Das aber hängt von der Reife der Politik und der Politiker ab.

Von der Last des Kalten Krieges befreit, erhielten zahlreiche Völker Europas und der »Dritten Welt« die Möglichkeit, über ihr Schicksal frei zu entscheiden, konnte sich der über Jahrzehnte künstlich gebremste, weltweite demokratische Prozeß frei entfalten. Das ist das zweite wichtige Ergebnis der Perestroika und ihrer Politik auf internationalem Gebiet. Der Wirkungsbereich der Kräfte des Totalitarismus wurde stark eingeschränkt, der Spielraum für demokratische Entwicklung erweitert.

Das dritte Ergebnis der Perestroika auf internationalem Gebiet liegt darin, daß sie zu einem Faktor der Vervollkommnung und Humanisierung der internationalen Beziehungen wurde.

Was hat das Neue Denken der Weltpolitik als Erbe hinterlassen?

– Eine umfassende Konzeption der Internationalen Sicherheit, die den neuen Bedingungen der zunehmenden Interdependenz der Staaten und Völker entspricht, eine Konzeption, bei deren Realisierung gleiche Sicherheit für alle erreichbar ist.

– Ein weites Verständnis der internationalen Sicherheit, das nicht nur den militärpolitischen Aspekt, sondern alle Seiten der Existenz der Weltgemeinschaft umfaßt und alle Erscheinungen, die Gefahren für die Sicherheit der Menschen, der Nationen und Staaten heraufbeschwören können, berücksichtigt.

- Die Konzeption einer atomwaffen- und gewaltfreien Welt als unverzichtbarer Aspekt des Übergangs der Menschheit zu einem neuen, qualitativ höheren Niveau der Zivilisation, eines Übergangs ohne Katastrophen, ohne Tragödien mit Millionen Opfern.

- Eine neue Methodologie für die praktische Realisierung der internationalen Politik, die auf einem ideologiefreien Umgang miteinander, auf Interessenausgleich, auf dem bedingungslosen Primat politischer Mittel, auf der Suche nach vernünftigen Kompromissen beruht; einer Politik, die auf den Übergang zu gemeinsamer Entwicklung, zu gegenseitig vorteilhafter Zusammenarbeit für die Lösung nicht nur der aktuellen, sondern auch der langfristigen Probleme der gesamten Menschheit ausgerichtet ist, vor allem des Problems ihres Überlebens.

Was hat das Neue Denken unserem Land – zu jener Zeit der Sowjetunion – gebracht? Seine Sicherheit wurde wesentlich gestärkt. Die Beziehungen zu allen Staaten in Ost und West wurden in normale Bahnen, frei von Konfrontation, gelenkt. Unser Land kam auf dem Weg zu gleichberechtigter Partnerschaft, die den Interessen aller entsprach, weiter voran. Es wurden Voraussetzungen dafür geschaffen, die Last der Militärausgaben und der Rüstung wesentlich zu verringern. Die Frage, die die Bürger unseres Landes jahrzehntelang bewegte – »Wird es Krieg geben?« –, brauchte nicht mehr gestellt zu werden.

Bis heute ist die Außenpolitik der Jahre 1985–1991 allerdings auch Gegenstand von Kritik, Schmähung und zuweilen sogar offener Verleumdung.

Es heißt, die Sowjetunion sei bei der Reduzierung der Raketen mittlerer und geringerer Reichweite übereilt vorgegangen und habe zudem mehr Raketen abgebaut, als z. B. die USA.

Letzteres trifft zu. Aber hätte man etwa nicht jeglichen Reduzierungen zustimmen müssen, um die riesige reale Gefahr von unserem Land abzuwenden – hochpräzise amerikanische Raketen, die sowjetisches Gebiet bis zum Ural in Minutenschnelle erreichen konnten, ohne daß wir Gegenmaßnahmen hätten ergreifen, vor allem aber die Menschen hätten retten können? Wir brachten Opfer bei der Quantität, erzielten aber einen unschätzbaren Gewinn bei der Qualität. Das war und bleibt das Wesentliche.

Weiter heißt es, wir hätten unsere Verbündeten in Osteuropa verloren und diese Staaten ohne Gegenleistung »abgetreten«. Aber an wen haben wir sie abgetreten? An ihre eigenen Völker. Diese haben in freier Willensäußerung den Entwicklungsweg gewählt, der ihren nationalen Erfordernissen entspricht.

Die gesellschaftliche Ordnung, die in den Ländern Mittelund Osteuropas bestand, war von der Geschichte ebenso zum Scheitern verurteilt wie in unserem Land. Sie hatte sich längst überlebt und war den Völkern eine Last geworden. Diese Ordnung zu retten und zu konservieren hätte bedeutet, die Position unseres Landes noch mehr zu schwächen, es in den Augen des eigenen Volkes und der ganzen Welt zu kompromittieren. Eine »Rettung« wäre ohnehin nur auf eine Art möglich gewesen – mit Panzern (wie 1968 in der Tschechoslowakei) und allen sich daraus ergebenden Folgen bis hin zu einem großen Krieg in Europa.

Zur Vereinigung Deutschlands: Die Machtposition des DDR-Regimes fiel ähnlich einem Kartenhaus in sich zusammen. Die Menschen flohen vor ihm und riskierten dabei sogar ihr Leben. Dieses Regime retten? Wieder Panzer in Marsch setzen? Bei der Bedeutung, die Deutschland für Ost und West hatte, bei der Konzentration von Truppen, die in diesem Land standen, hätte jedes gewaltsame Vorgehen gegen den Willen der Deutschen zur Vereinigung bedeutet, einen Krieg, vielleicht sogar einen Weltkrieg zu riskieren.

Wir wollen damit nicht behaupten, daß in der Zeit der Perestroika auf außenpolitischem Gebiet alles ideal gewesen wäre und es keine Möglichkeit gegeben hätte, manches effektiver und besser zu tun. Solche Möglichkeiten gab es. Zugleich ist ohne jeden Zweifel festzustellen: Was in den entscheidenden Bereichen geplant und ausgeführt wurde, entsprach den Interessen und Bedürfnissen unseres Landes, trug zur Stärkung seiner Sicherheit und zur Festigung seiner internationalen Position bei und natürlich zur Festigung der Grundlagen des Friedens in der Welt.

Die Weltordnung im Übergang

Die Beendigung des Kalten Krieges und der militärischen Konfrontation der beiden Blöcke, die Eindämmung des Wettrüstens bis hin zur vollen Einstellung in einigen Bereichen, die Normalisierung des internationalen Lebens – all das eröffnete neue Horizonte.

Es schien, als bestünde die Chance, ein neues System der internationalen Beziehungen auf der Grundlage gleichberechtigter Zusammenarbeit aufzubauen. Dieses konnte natürlich eine gewisse Rivalität und Interessenkonflikte nicht ausschließen, versprach aber die Möglichkeit, alle wichtigen Probleme ausschließlich mit zivilisierten politischen Mitteln zu lösen.

Eine neue Atmosphäre schien auch für die Entwicklung der Wirtschaft im nationalen und internationalen Rahmen zu entstehen, die eine Überwindung ihrer bereits weit vorangeschrittenen Militarisierung durch Konversion versprach. Die frei werdenden Mittel hätten für die Lösung akuter Probleme der globalen Entwicklung, beispielsweise für die Überwindung der weltweiten Kluft zwischen Nord und Süd, eingesetzt werden können.

Allmählich entstanden Voraussetzungen für einen wirklich freien und offenen, in jedem Falle aber wesentlich breiteren Austausch kultureller Werte.

Kurz gesagt, die neue Situation eröffnete allen Staaten den Weg zu einer wahrhaft friedlichen Entwicklung. Man kann sicher sagen, daß diese Chancen in einigen Bereichen jene bedeutend übertrafen, die nach 1945 bestanden, damals aber versäumt wurden.

In der Nachkriegszeit blieb die Spaltung der Welt in zwei gesellschaftliche Systeme erhalten. Der aus den ideologischen Dogmen beider Seiten gespeiste Kalte Krieg vertiefte die Spaltung bis hin zu tödlicher Gefahr. Heute dagegen erkennen nahezu alle Staaten der Welt gleiche Prinzipien als grundlegend für ihre Entwicklung an – Marktwirtschaft, eine pluralistische parlamentarische Demokratie u. a. Wenn diese Prinzipien in den einzelnen Ländern auch auf unterschiedliche Weise realisiert werden, so wird allein die Tatsache, daß alle sich an ihnen orientieren, eine normale Entwicklung der weltweiten wirtschaftlichen, politischen und kulturellen Beziehungen erleichtern.

Im Jahre 1945 war der deutsche Faschismus zwar zerschlagen, aber in einigen Ländern, angefangen mit der Sowjetunion, blieben totalitäre Regime bestehen. In unserer Zeit ist gerade der Zusammenbruch derartiger Regime ein wesentliches Merkmal der weltweiten politischen Entwicklung.

1945 war der Zweite Weltkrieg zwar beendet, aber in einigen Regionen wurden Kriege fortgesetzt oder wiederaufgenommen. An einigen waren sogar Großmächte beteiligt. Zahlreiche regionale Konfliktherde entstanden. Als die Konfrontation zu Ende ging, wurde dagegen mit der Liquidierung derartiger Herde begonnen, die zumindest in der Anfangsphase vielversprechend vorankam.

Nicht zufällig hat die Idee, eine neue Weltordnung ohne Krieg und Konfrontation zu schaffen, die auf der friedlichen

Koexistenz aller Staaten beruht, nach 1989 in der Welt weite Verbreitung gefunden.

Seitdem sind über sechs Jahre vergangen. An die Stelle der Euphorie von 1989/90 ist offener Pessimismus getreten. Die neue Weltordnung wird vielfach als Mythos oder Utopie angesehen. Was ist geschehen?

Als Antwort auf diese Frage werden verschiedene Gründe ins Feld geführt.

Probleme, die die Konfrontation überlagerten oder in den Hintergrund rückten, liegen nun offen zutage. Neue Spannungsherde sind entstanden. Die Politiker wurden mit neuen Aufgaben konfrontiert, die niemand zu lösen vermochte, weil man auf sie nicht vorbereitet war.

Die geopolitische Karte der Welt hat sich wesentlich verändert. Die Blockkonfrontation ist eingestellt, der Warschauer Vertrag hat sich selbst aufgelöst, viele neue unabhängige Staaten sind entstanden. All das hat dazu geführt, daß die bipolare Struktur der Weltgemeinschaft verschwunden ist. Die Welt ist wahrhaft pluralistisch geworden. Sie hat die alte Beziehungsstruktur verloren, die zwar grundsätzlich negativ war, aber die Welt organisierte und zusammenhielt.

Die Staaten sind von der allgegenwärtigen Gefahr eines Atomkrieges befreit, sie haben die Blockdisziplin der Zeit des Kalten Krieges abgeworfen. Das hat allen große Handlungsfreiheit gebracht. Jeder Staat sucht seinen Platz in der sich verändernden Welt und ist dabei, seine Interessen neu zu bestimmen.

Zu diesen Faktoren geopolitischer Veränderungen muß ein weiterer hinzugefügt werden – der Zerfall der Sowjetunion. Ihr Verschwinden hat die gesamte Beziehungsgeometrie verändert – vor allem in Europa, aber bei weitem nicht nur dort. Ein bedeutsames Gegengewicht gegen jeglichen Hegemonismus, das die Sowjetunion in den Jahren der Perestroika geworden ist, ist verschwunden. Damit hat jeder, der egoistische Pläne verfolgt, wesentlich größeren Spielraum erhalten. Die Welt ist unberechenbarer, in ihrer Entwicklung schwerer bestimmbar geworden.

Die anstelle der Sowjetunion entstandenen unabhängigen Staaten, einschließlich Rußland, sind heute Gegenstand eigensüchtiger Pläne und Kalkulationen der Großmächte. Das zeigte sich bereits unmittelbar nach den Beschlüssen von Beloweschskaja Puschtscha über die Auflösung der Union. Eine Jagd auf das Erbe der Sowjetunion setzte ein. Sie zeigte sich insbesondere in der selektiven Politik des Westens gegenüber den neuen Staaten. Der Zerfall der UdSSR trug dazu bei, daß nationalistische, zentrifugale Kräfte in Europa und anderen Regionen Auftrieb erhielten. Die Politik des Westens war eine faktische Ermutigung dieser Kräfte – angefangen mit der übereilten Anerkennung Sloweniens und Kroatiens, die den Zerfall Ex-Jugoslawiens beschleunigte und jede Möglichkeit zunichte machte, die ehemaligen Mitglieder der jugoslawischen Föderation friedlich zu »scheiden«, wenn dies generell nicht zu umgehen war.

Diese Prozesse und Ereignisse brachten ohne Zweifel eine wesentliche Komplizierung der internationalen Situation mit sich. Das ist aber nach unserer Meinung nicht die Hauptsache. Die Hauptsache liegt darin, daß die Politik und die Politiker – im nationalen und internationalen Rahmen – sich als unfähig erwiesen, diese Prozesse vorauszusehen oder gar Aktionspläne in Gang zu setzen, um deren negative Folgen zu neutralisieren und einen normalen, fließenden Übergang zu den neuen Beziehungen, zu der neuen Weltordnung zu ermöglichen, über die man so viele Worte gemacht hatte.

Hier erhebt sich unweigerlich die Frage: Waren die Politik und die Politiker wirklich nur unfähig, eine solche neue Politik zu definieren oder hatten einige (vielleicht auch viele) gar nicht die Absicht, dies zu tun?

Stellen wir die Frage anders. Bestand nach Beendigung des Kalten Krieges die reale Möglichkeit, zu einer neuen Weltordnung zu gelangen? In der Regel wird diese Frage zustimmend beantwortet. Ist das nicht etwas übertrieben?

Für uns gibt es keinen Zweifel, daß die objektiven Voraussetzungen für einen Übergang zu neuen weltweiten Beziehungen Ende der achtziger Jahre existierten. Davon haben wir gerade gesprochen. Aber Voraussetzungen sind noch keine Chance.

Eine wirkliche Chance für einen solchen Übergang setzt voraus, daß alle oder zumindest die Hauptakteure auf der weltpolitischen Bühne auch subjektiv bereit sind, diesen Übergang zu vollziehen. War diese Bereitschaft vorhanden? Wenn wir diese Frage heute mit Blick auf die Vergangenheit und die Ereignisse der jüngsten Zeit beantworten, dann müssen wir sagen: In vielen Fällen gab es diese Bereitschaft nicht.

Was die Sowjetunion betrifft, so war sie ohne jeden Zweifel bereit, wahrhaft demokratische, friedliche internationale Beziehungen aufzubauen. Mehr noch, das Neue Denken und die darauf beruhende Außenpolitik waren im Grunde genommen bereits die Materialisierung eines neuen Vorgehens, die praktische Anwendung der neuen Methoden bei der Lösung auftretender Probleme.

Die Konzeption dieser Politik mit Blick auf die Zukunft, die bei Kontakten mit den führenden Repräsentanten der USA, Großbritanniens, Frankreichs, der Bundesrepublik Deutschland und anderer Staaten immer wieder dargelegt wurde, war eindeutig: Wir wollten die Anwendung der Ideen des Neuen Denkens in der ganzen Welt, den Aufbau postkonfrontativer internationaler Beziehungen auf der Grundlage dieser Prinzipien.

Dabei wurde die Umgestaltung der Beziehungen im Bereich der Weltpolitik im engeren Sinne lediglich als Teil eines viel weiter gefaßten Problems gesehen. Wir schlugen vor, zugleich auch die Weltwirtschaftsbeziehungen durch die Einführung einer wahrhaften Gleichberechtigung der Staaten, also eine Korrektur der Linie gegenüber der »Dritten Welt«, wesentlich zu vervollkommnen. Und schließlich sahen wir die Veränderungen im Bereich der internationalen Beziehungen im weiteren Sinn als Auftakt und Bestandteil des Übergangs zu einer neuen Zivilisation, zur Überwindung der Krise der gesamten gegenwärtigen Weltordnung, die die Menschheit in eine Katastrophe führen konnte.

Der Westen, insbesondere die USA, zeigten allerdings keine Bereitschaft zu einer so grundsätzlichen Wende. Wenn die USA von einer neuen Weltordnung sprachen, dann hatten sie im Grunde genommen die Fortsetzung ihrer bisherigen Linie im Sinn, die darauf hinausläuft, ihre Führungsposition in der Welt durchzusetzen. Gewisse Korrekturen waren höchstens an den Methoden vorgesehen. Die Beendigung des Kalten Krieges interpretierte man so, daß nun für die seit langem verfolgten Ziele der amerikanischen Politik viele wesentliche Hürden gefallen waren. Dies schloß eine gewisse Partnerschaft mit der UdSSR und danach mit Rußland ein – stets unter der Voraussetzung, daß man Moskau im günstigsten Falle die sogenannte zweite Geige zugestand, während die erste eindeutig Washington vorbehalten blieb. Eine Minimalvariante, die die USA gerade noch akzeptieren konnten, lief darauf hinaus, daß die UdSSR (bzw.

Rußland) die Kreise der USA nicht störte, also eine Art Neuaufteilung der Einflußsphären in der Welt erfolgte. Die Warnung Michail Gorbatschows an George Bush beim Treffen auf Malta, daß es keinerlei »Kondominium« über die Welt geben werde, traf den Nagel auf den Kopf.

Schließlich sah die amerikanische Konzeption allein gewisse Korrekturen im Bereich der Weltpolitik im engeren Sinne vor. Mit der in der Weltwirtschaft herrschenden Ordnung war Washington durchaus zufrieden (wünschenswert war höchstens eine Stärkung des Regimes des freien Handels unter der Voraussetzung, daß die USA gegenüber ihren Konkurrenten starke Positionen einnahmen). Die Probleme der Zivilisation wurden als »unangenehm« angesehen und weit in den Hintergrund gerückt. Die USA meinten, sie könnten sich ihrer durch Maßnahmen in Teilbereichen entledigen, die sie selbst nicht allzusehr belasteten.

Auch die übrigen Westmächte setzten in ihren Vorstellungen von einer neuen Weltordnung eigene Akzente. So nahm Deutschland, nachdem die Wiedervereinigung Tatsache geworden war, zunächst vorsichtig, später aber immer offener Kurs darauf, seine frühere Vormachtstellung in Mittel- und Osteuropa wieder zu erlangen. Das hatte seine Auswirkungen auch auf andere Aspekte der Bonner Außenpolitik.

Mit anderen Worten, als der Kalte Krieg zu Ende ging, sprachen sich viele, wenn nicht sogar alle, für eine neue Weltordnung aus. Aber die Vorstellungen davon gingen auseinander. Selbst wenn in der Welt alles beim alten geblieben wäre, hätten derartige Unterschiede in kürzester Frist unweigerlich zu Differenzen unter den Partnern führen müssen. Dabei meinen wir nicht die natürlichen Unterschiede in den nationalen Interessen, die ein ständiger Faktor sind, der die Weltpolitik stets begleitet hat und auch weiter begleiten wird. Ihn kann und muß man berücksichtigen, indem man einen gegenseitig annehmbaren Ausgleich dieser Interessen, vernünftige Kompromisse findet. Wir meinen hier die grundsätzlichen Unterschiede in der Zielstellung, in der Sicht auf die Welt, ihre Bedürfnisse und Perspektiven.

Es geht uns also hier nicht nur darum, daß die Weltpolitik viele Probleme nicht voraussah (oder gar nicht bemerkte), sondern darum, daß verschiedene strategische Orientierungen und politische Pläne bestanden.

Die vorherrschenden Konzeptionen waren nicht zukunftsorientiert, sie speisten sich aus den Vorstellungen der Vergangenheit. Im besten Falle ging es darum, traditionelles Vorgehen zu perfektionieren und mit einigen neuen Elementen anzureichern. Eine wirklich neue Sicht auf die Dinge, wie sie dringend erforderlich war, wenn man eine neue Weltordnung anvisierte, war nicht festzustellen.

Nicht zufällig blieb die Politik immer häufiger hinter der Entwicklung zurück, sah sich zunehmend in der Rolle der Feuerwehr, die ausrückt, wenn die Flammen bereits zum Himmel schlagen. Dabei erkannten die USA und andere Staaten den Wert der Prinzipien des Neuen Denkens nicht selten öffentlich an (so z. B. in Dokumenten, die sie gemeinsam mit der Führung der UdSSR unterzeichneten) und ließen sich zuweilen anscheinend sogar in ihren Handlungen davon leiten. Zuallererst wurden diese Grundsätze übrigens von der neuen Führung Rußlands »vergessen«.

Gemeinsames Handeln hat es tatsächlich gegeben. Nur geschah es meist dann, wenn in bestimmten konkreten Fragen die Interessen im wesentlichen übereinstimmten. Darüber ging es nicht hinaus. Im tieferen Sinne wurden die Philosophie des

Neuen Denkens, ihre Grundprinzipien nur von sehr wenigen geteilt und anerkannt. Am weitestgehenden vielleicht von den führenden Vertretern solcher Staaten wie Indien, Finnland, Spanien oder Österreich.

Wie dem auch sei, seit Ende 1991, besonders aber Anfang 1992 schlug die Hauptrichtung der internationalen Entwicklung um. Wenn man die Ereignisse der vergangenen drei bis vier Jahre Revue passieren läßt, so zeigt sich, daß der Kalte Krieg insgesamt zwar der Vergangenheit angehört, sein Erbe, bestimmte Elemente allerdings weiterbestehen, wenn auch in anderer Gestalt. Zwischen den ehemaligen Gegnern, die sich heute Partner nennen, ist eine gewisse Fremdheit erhalten geblieben. Sie kommt z. B. darin zum Ausdruck, daß nach wie vor beharrlich von den »Siegern« im Westen und den »Verlierern« im Osten gesprochen wird...

Ungeachtet aller positiven und durchaus bedeutsamen Veränderungen im Verhältnis zwischen den ehemaligen Gegnern, ist eine gewisse herablassende Haltung der westlichen Politik, die zuweilen in Arroganz umschlägt, nicht zu verkennen. Das deutet sehr auf pragmatische Berechnung hin und läßt nicht auf eine großzügige Weltsicht schließen.

Das Feindbild ist weit in den Hintergrund gerückt und besteht in der alten Form faktisch nicht mehr. Aber heute, besonders in allerjüngster Zeit, werden Versuche unternommen, es in abgewandelter Form neu erstehen zu lassen. So kann man in der westlichen Presse, zuweilen auch in Reden von Politikern immer wieder von verschiedenen »Bedrohungen« aus dem Osten lesen oder hören.

Hier sei eingeräumt, daß es auf beiden Seiten Ewiggestrige gibt, die bereit sind, die alte Feindschaft neu zu schüren. Ihre Motive sind unterschiedlich, aber diese Gefahr sollte auf keinen Fall unterschätzt werden. Dies um so mehr, als diese Kräfte, wo immer sie auch agieren, einander im Grunde genommen in die Hände spielen. Sie berufen sich aufeinander, wenn sie nach Argumenten für ihre Propaganda des Hasses oder zumindest des Mißtrauens gegenüber der anderen Seite suchen.

Die heute vor allem in Europa bestehenden militärpolitischen und wirtschaftlichen Strukturen sind in den Jahren des Kalten Krieges entstanden und waren damals ganz eindeutig auf Konfrontation ausgerichtet. Man versucht sie irgendwie an die neuen Bedingungen anzupassen.

Am schwersten fällt das der NATO. Schließlich wurde sie einmal als Werkzeug der militärischen Auseinandersetzung vor allem mit der UdSSR aufgebaut. Zwar gibt es in den formulierten Konzepten und selbst in den Strukturen der NATO nicht wenige Veränderungen (auf die wir noch zurückkommen werden), aber zugleich sind wichtige Elemente des früheren Vorgehens erhalten geblieben. Der amerikanische Verteidigungsminister William Perry hat selbst vor kurzem daran erinnert, als er betonte: »Diese Organisation ist keine Bruderschaft, sondern ein Militärbündnis.« Allerdings sagte er nicht, gegen wen.

An der Erhaltung der NATO als Werkzeug zur Konservierung der Positionen der USA in Europa und zur Einflußnahme auf die europäische Politik ist natürlich vor allem Washington interessiert. In Europa löst das Vorgehen dieses Bündnisses, insbesondere seine erste entschlossene Aktion als »Garant des Friedens«, der Bomben und Raketen auf Jugoslawien niederhageln ließ, nicht überall Begeisterung aus.

Bestimmte Überreste des Kalten Krieges haben sich also nach wie vor erhalten. Dazu kommen neue Momente.

Heute geht die größte Gefahr nach unserer Auffassung von drei Quellen aus:

Die erste sind alarmierende Anzeichen für eine neue Spaltung der Welt, für die Entstehung neuer Konfrontationsherde. Sie zeigen sich in Europa, wo eindeutig das Bestreben vorherrscht, lediglich das zu konsolidieren, was als »westlich« anerkannt ist. Mag die Trennlinie heute auch anders verlaufen. Welche Vorwände man auch findet, letzten Endes geht es vor allem darum, Rußland auszugrenzen.

Es muß besorgt stimmen, wenn versucht wird, in Europa ein neues Sicherheitssystem auf der Grundlage der NATO zu konstruieren, ein Bündnis, in das mittel- und osteuropäische Staaten aufgenommen werden, aus dem Rußland aber faktisch ausgeschlossen wird. Dabei werden allerdings viele Worte darüber gemacht, daß europäische Sicherheit ohne Rußland undenkbar sei.

In die genannte Richtung weisen auch andere Tatsachen. So zum Beispiel die Versuche, während des Krieges in Bosnien-Herzegowina einerseits gemeinsame Aktionen mit Rußland zu vereinbaren, andererseits sehr ernste Schritte (wie Bombardierungen und Raketenschläge) zu unternehmen, ohne Rußland auch nur ernsthaft davon zu informieren. Oder der Abschluß einer geheimen Vereinbarung der NATO mit der UNO hinter dem Rücken Moskaus, die den Nordatlantikpakt faktisch jeglicher UNO-Kontrolle entzieht. Man kann nicht sagen, daß Rußland selbst an dieser Entwicklung schuldlos wäre. Nein, auch sein Verhalten war durchaus nicht immer konsequent und fehlerlos. Ernste Anlässe für ein derartiges Verhalten ihm gegenüber hat es jedoch nicht gegeben.

Man sollte die Lehren der Geschichte nicht vergessen. Im Jahre 1945 waren die Alliierten nach ihrem Sieg über den Nazismus nicht imstande, die sich damals bietende Chance für eine Umgestaltung der Weltgemeinschaft zu nutzen, obwohl entsprechende Verpflichtungen in die UNO-Charta aufgenommen wurden.

Es ist heute durchaus nicht zwingend, daß sich die Dinge erneut in dieser Weise entwickeln. Aber jede Spaltung, jede Abgrenzung, jeder Versuch, bestimmte Staaten aus dem allgemeinen Trend auszuschließen, kann die Entwicklung letzten Endes in eine ähnliche Richtung drängen.

Eindeutige Gefahr geht auch von dem aus, was man ein neues Wettrüsten nennen könnte. Die gefährlichsten Arten militärischer Technik breiten sich weiter über den ganzen Erdball aus. Dazu gehören auch Atom- und andere Massenvernichtungswaffen, die in Form ihrer Produktionstechnologie weitergegeben werden. Die Militärtechnik wird perfektioniert, die konventionelle Rüstung erreicht die Qualität von »absoluten Waffen«. In den entwickelten Ländern arbeitet man an neuen biologischen, elektronischen oder Laserwaffen, die den Gegner töten, lähmen oder psychisch schädigen.

Die verhängnisvollen Folgen des Wettrüstens, das untrennbarer Bestandteil des Kalten Krieges war, sind bekannt. Es heizte nicht nur Spannungen und gegenseitige Furcht an, sondern zehrte auch die Wirtschaftspotentiale der Staaten aus. Es hatte äußerst negative politisch-psychologische Folgen, stärkte die Positionen der für ihre Intoleranz und Grausamkeit bekannten militantesten Elemente der Gesellschaft.

Eine dritte Gefahr, die sich vor allem in den letzten Jahren zeigt, ist ein spürbares Wiederaufleben der traditionellen Politik der Stärke, die vorzugsweise zu militärischen Mitteln greift, um auftauchende Probleme zu lösen. Das aktuellste, aber bei weitem nicht das einzige Beispiel hierfür ist Jugoslawien. Wir haben hier sowohl das politische Verhalten der an den Konflikten im Lande selbst beteiligten Seiten im Auge als auch die

Handlungsweise anderer Staaten, die in der Anwendung von Waffengewalt im Grunde genommen den einzigen Weg zur Lösung der Probleme sehen. Neben diesen Rückfällen in das Alte, die in der neuen Situation besonders gefährlich sind, existieren natürlich auch Erscheinungen, die man als Keime künftiger, erneuerter internationaler Beziehungen ansehen kann. Das ist z. B. eine gewisse Aktivierung der Weltöffentlichkeit insgesamt, das sind erste Versuche, bei der Lösung internationaler Grundsatzprobleme von den allgemeinen Menschheitswerten und den Prinzipien der Moral auszugehen. Beispiele hierfür waren der Umweltgipfel von 1992 in Rio de Janeiro, die Weltfrauenkonferenz, die Weltbevölkerungskonferenz und andere. Weitere Beispiele sind einige Aktionen der UNO, die nach Beendigung des Kalten Krieges zum ersten Mal die Möglichkeit erhielt, in ihrer eigentlichen Rolle als friedenserhaltende und friedensschaffende Kraft wirksam zu werden.

Ein weiterer Keim des Neuen ist in der wachsenden Rolle neuer Subjekte der Politik, der großen nichtstaatlichen Organisationen in den internationalen Beziehungen zu sehen, die in verallgemeinerter Form die Stimmung der Weltöffentlichkeit widerspiegeln.

Alle diese neuen Erscheinungen sind für sich genommen sehr wichtig, haben aber bei weitem noch keinen ausreichenden Einfluß auf die Entwicklung in der Welt.

Kann man angesichts des bisher Dargelegten feststellen, daß der Prozeß der Überwindung der Konfrontation bereits unumkehrbar geworden ist?

Offenbar kann man dies bislang noch nicht mit voller Überzeugung behaupten. Nach wie vor finden sich im Geflecht der Weltpolitik Elemente der Konfrontation.

Diese Feststellung wird dadurch erhärtet, daß derartige Elemente durchaus zu solchen historisch überkommenen Traditionen passen wie dem Prinzip vom Gleichgewicht der Kräfte, dem Hegemonismus, der Einteilung der Welt in Einflußsphären, der willkürlichen Gleichsetzung von speziellen, eigensüchtigen und weltweiten Interessen. Diese Traditionen wirken weiter, wenn sie auch nicht immer offen vertreten werden.

Interessenunterschiede zwischen den Staaten sind, wie bereits gesagt, nicht auszuschließen. Sie wird es immer geben. Auch eine gewisse Rivalität in der internationalen Arena ist nicht zu vermeiden. Aber muß diese ebenso unvermeidlich zur Konfrontation führen? Kann man das alte, überlebte Vorgehen ablegen und zu einer vernünftigen, nichtkonfrontativen, sozusagen partnerschaftlichen Lösung der entstehenden Probleme kommen? Im Prinzip – ja. Dafür muß sich aber offenbar im Denken und Handeln, in der Natur des Verhältnisses der Mitglieder der Weltgemeinschaft zueinander noch sehr viel ändern.

Was haben wir also heute vor uns? Wie es heißt – einen »Kalten Frieden«? Oder kehren wir zur Konfrontation zurück, wenn auch noch nicht ganz?

Nach unserer Meinung befindet sich die Welt gegenwärtig in einem Stadium ihrer Entwicklung, das man als Übergangsperiode bezeichnen kann. Diese hat ihre eigenen Charakterzüge und Besonderheiten. Offenbar haben wir es heute nicht mit einer gewöhnlichen Übergangsperiode zu tun, sondern mit einer Weltordnung im Übergang, einer Ordnung, die durchaus längere Zeit bestehen kann. Prägend für sie sind eine konfliktträchtige Labilität der Verhältnisse und ein Überwiegen von Elementen der Spontaneität in den internationalen Beziehungen.

Wie lange diese Übergangsperiode anhält, wird vom Zusammenwirken vieler Faktoren bestimmt.

– Von großer Bedeutung wird zweifellos sein, wie die Entwicklung in Rußland verläuft, wohin sie mittelfristig führt. Wird dort in der nächsten Zeit eine gewisse politische und wirtschaftliche Stabilisierung eintreten? Wir glauben, dafür werden nicht weniger als 20 bis 25 Jahre notwendig sein, vielleicht aber auch ein voller Generationswechsel.

– Die künftige Entwicklung der Welt wird auch von der Zukunft der GUS beeinflußt werden, davon, ob sie endgültig zerfällt oder ob sich eine wirkliche multilaterale Zusammenarbeit entwickelt, die bis zu einer gewissen Integration führen kann. Auch das hängt wiederum in nicht geringem Maße von Rußland und dessen Politik ab, zugleich vom Verhalten äußerer Kräfte, die heute eindeutig darauf aus sind, im postsowjetischen Raum eigene Positionen zu erobern.

– Wesentlichen Einfluß wird der weitere Verlauf der Integrationsbewegung in Westeuropa, insbesondere in der Europäischen Union haben. Wird sie zunächst vertieft werden, oder wird sich die Union erweitern? Die Integration der Staaten Mittel- und Osteuropas in die EU wird nicht weniger als 15 bis 20 Jahre in Anspruch nehmen. Sehr wichtig wird das künftige Verhältnis der EU zu Rußland sein.

– Nicht weniger bedeutsam ist die Evolution im asiatisch-pazifischen Raum. Diese wiederum hängt in vieler Hinsicht von der inneren Entwicklung Chinas ab, davon, wie sich das Verhältnis von zentrifugalen und zentripetalen Prozessen dort gestaltet, wie ein großes China und dessen Außenpolitik beschaffen sein werden, welches Verhältnis sich zwischen Peking und Taipeh herausbildet.

– Wesentliches Gewicht wird auch die Entwicklung der USA und des amerikanischen Kontinents insgesamt haben. Wird der Prozeß der panamerikanischen Integration gelingen oder scheitern? Bis diese Frage klar beantwortet werden kann, wird beträchtliche Zeit vergehen, besonders wenn man bedenkt, daß die Staaten der südlichen Halbkugel zu einer gewissen regionalen Absonderung neigen und sich der Europäischen Union in gleichem Maße annähern möchten wie den USA.

- Die größten Unbekannten sind die Staaten Schwarzafrikas und der arabischen Welt. Welche Rolle der islamische Fundamentalismus in der Zukunft spielt, wird sich erst im nächsten Jahrhundert zeigen.

- In dem Maße, wie die Bedeutung des Militärpotentials als bestimmender Faktor der weltweiten Entwicklung zurückgeht, wie Wirtschaftskraft und Konkurrenzfähigkeit als solche Faktoren in den Vordergrund treten, werden sich Möglichkeiten und Gewicht der einzelnen Staaten in Weltwirtschaft und Weltpolitik verändern. Wird es gelingen, diesen Prozeß in einem zivilisierten, friedlichen Rahmen zu halten?

- Sehr vieles wird von der inneren Entwicklung der Staaten des Westens insgesamt abhängen. Bereits heute wird sichtbar, daß die liberale Marktwirtschaft an ihre historischen Grenzen stößt. Die Aufwendungen für Renten, Sozialhilfe, Gesundheit, Bildung, Arbeitslosigkeit und andere Bereiche, die für einen sozialen Ausgleich und eine gesunde Gesellschaft erforderlich sind, geraten mit den »Regeln« des liberalen Wirtschaftsmodells immer stärker in Konflikt.

- Von großer Bedeutung wird auch sein, ob die einzelnen Staaten und die Weltgemeinschaft insgesamt den globalen Problemen genügend Aufmerksamkeit widmen. Deren Verschärfung wird immer häufiger zu Krisenerscheinungen in den einzelnen Gesellschaften führen, kann aber auch neue zwischenstaatliche Konflikte auslösen. Der Kampf um die Reichtümer der Natur von Erdöl und Erdgas bis hin zum Wasser, ungeregelte Migration und viele andere Probleme beschwören neue Gefahren für den Weltfrieden herauf.

Das ist bei weitem keine erschöpfende, ja sogar eine eindeutig unvollständige Aufzählung der Faktoren, die den zeitlichen Rahmen der Weltordnung im Übergang bestimmen werden, bis letzten Endes eine wirklich neue, wahrhaft friedliche Weltordnung entsteht. Aber ausgehend von dem, was wir heute wissen, können wir annehmen, daß es sich um einen relativ langen Zeitraum handeln wird.

Die Hauptsache sollte man auf keinen Fall vergessen: Die Voraussetzungen und Bedingungen für künftige unumgängliche Veränderungen werden nicht allein im Bereich der Weltpolitik oder der Weltwirtschaft entstehen. Letzten Endes werden die fundamentalen Prozesse die entscheidende Rolle spielen, die sich in den Grundlagen des Daseins der weltweiten Gemeinschaft der Menschen vollziehen.

Das Neue Denken in der postkonfrontativen Welt

Eine politische Bilanz der ersten Jahre nach der Konfrontation führt uns zu folgenden Schlußfolgerungen:

– Die Welt ist in eine neue Entwicklungsphase oder -etappe eingetreten. Die Weltordnung im Übergang wird zu einem neuen Zustand führen, dessen Konturen bisher noch nicht erkennbar sind.

– Beim Eintritt in diese neue Übergangsphase ist die Welt politisch nach wie vor gespalten, allerdings haben die Trennlinien eine andere Konfiguration angenommen, und auch der Charakter der internationalen Beziehungen insgesamt hat sich verändert.

– Die Welt befindet sich nach wie vor – teils bewußt, teils unbewußt – in einer kritischen Phase. In allen Lebensbereichen und in allen Regionen der Erde nimmt das Krisenpotential zu. Wie Wissenschaftler des schwedischen SIPRI-Institutes errechnet haben, sind in den vergangenen fünf Jahren an 61 Punkten der Erde 90 Konflikte unterschiedlicher Intensität registriert worden. 47 davon bestehen bis heute.

– Das konstruktive Potential der Weltpolitik hat sich wesentlich abgeschwächt. In den letzten drei bis vier Jahren konnte die Weltgemeinschaft nicht einen einzigen großen Erfolg verbuchen. Die Weltpolitik insgesamt, aber auch die Politik einzelner Staaten unternimmt nichts gegen die gefährlichen spontanen Entwicklungsprozesse, sondern demonstriert statt dessen Machtlosigkeit oder Gleichgültigkeit. Die Politik läuft den Ereignissen hinterher, sie unternimmt nichts, um diese vorherzusehen oder zu verhüten.

Die Welt steht heute wieder vor einer schwerwiegenden, wenn nicht sogar kritischen Entscheidung: Entweder läßt sie zu, daß die heute zu beobachtenden Prozesse weiterlaufen wie bisher, oder sie versucht, mit kollektiven Anstrengungen der Staaten und Völker auf diese Entwicklung Einfluß zu nehmen und sie in Bahnen zu lenken, die für alle Seiten günstig sind.

Bisher hat niemand erkennen lassen, wie man zu dieser zweiten, rettenden Handlungsvariante kommen könnte. Die Situation ist anscheinend unlösbar. Aber nur anscheinend.

Wir haben bereits darauf hingewiesen, daß die Lage auch Mitte der achtziger Jahre ausweglos erschien. Niemand wußte, wie man das Wettrüsten zügeln und dem Kalten Krieg ein Ende setzen sollte. Aber es ist erreicht worden!

Sehr wichtig war dabei: Beide Seiten kamen allmählich zu der Erkenntnis, daß von einer anhaltenden Konfrontation tödliche Gefahr ausgeht. Es war der politische Wille vonnöten, diesem Zustand ein Ende zu setzen. Hier spielte das Neue Denken und die darauf begründete veränderte Politik der Sowjetunion eine entscheidende Rolle. Ihr gelang es, die so undurchdringlich erscheinende Wand alter Ideen und der ihnen entsprechenden Politik der Feindschaft, der Intoleranz und der gegenseitigen Ablehnung zu durchbrechen.

Heute wird im Grunde genommen das gleiche gebraucht: die Erkenntnis, daß eine Politik, so wie sie ist, keine Zukunft hat, der politische Wille, ihre Orientierung zu verändern, und natürlich eine Konzeption, die die gegenwärtigen Erfordernisse richtig widerspiegelt und den Herausforderungen der Zeit gerecht wird. Bislang ist leider weder das erste noch das zweite oder gar das dritte in Sicht.

Dabei stellt sich die heutige Situation in gewisser Weise beträchtlich günstiger dar als vor zehn Jahren. Denn dank der Anstrengungen der Wissenschaft und vieler gesellschaftlichen Kräfte sind die Gefahren, die die Weltgemeinschaft bedrohen, heute bekannt. Die Perspektive ist also besser zu erkennen, die negativen Folgen, aber auch die positiven Möglichkeiten verschiedener Varianten der Politik treten deutlicher hervor. Die Herausforderungen unserer Zeit und der Zukunft sind überall im Gespräch.

Außerdem sind da immer noch die nicht völlig verbrauchten Erfahrungen der vergangenen Jahre, der Überwindung des Kalten Krieges. Nicht nur die Erfahrungen, sondern auch das in jener Zeit angesammelte Kapital in Form der Verträge über die Reduzierung der atomaren und konventionellen Waffen sowie den Abkommen, die der Verschmutzung und Zerstörung der Umwelt durch die Staaten bestimmte Grenzen setzen usw.

Schließlich gibt es das Neue Denken, das als konzeptionelle Basis zur Überwindung des Kalten Krieges diente und seine Bedeutung bis heute nicht verloren hat. Zwar meinen manche, das Neue Denken sei bereits Geschichte, es könne die Interessen und Erfordernisse der internationalen Entwicklung von heute nicht mehr reflektieren. Trifft das zu?

Ausgangspunkt für das Neue Denken war die Idee von der Einheitlichkeit der Welt, ihrem immer engeren wechselseitigen Zusammenhang und ihrer wechselseitigen Abhängigkeit. Ist diese Idee etwa veraltet? Im Gegenteil, die Interdependenz der Welt wird mit jedem Jahr deutlicher sichtbar.

Ist die These von der Priorität der allgemeinen Menschheitsinteressen etwa nicht mehr aktuell? Im Gegenteil, heute, da sowohl seriöse Wissenschaftler als auch internationale Foren in Sorge auf die Bedrohung der Existenz, ja, des Überlebens des Menschengeschlechts verweisen, hat diese These zusätzliche Bestätigung erfahren. Gemeinsame Anstrengungen zur Rettung der Menschheit müssen zum Dreh- und Angelpunkt der heutigen Weltpolitik werden.

Das Neue Denken besteht bis heute auf dem Prinzip der freien Entscheidung über den Entwicklungsweg, erkennt den Interessenpluralismus der Staaten und das Recht jedes Staates an, seine Interessen zu verteidigen. Zugleich fordert es von der Politik, einen Ausgleich der Interessen aller zu finden, was allein die Grundlage für allseitig annehmbare Entscheidungen sein kann. Auch das beweist eine realistische Sicht auf die zunehmend vielfältigere Welt von heute.

Das Neue Denken hat rohe Gewalt als Mittel der Weltpolitik abgelehnt. Haben die letzten Jahre die Richtigkeit dieser Forderung etwa widerlegt? Ganz im Gegenteil! Schlimm ist etwas anderes – allmählich gewöhnt man sich wieder an die Anwendung von Gewalt. Die Politik kümmert sich nicht mehr um die Regeln der Moral, wird permanent aggressiv – selbst bei der Lösung innenpolitischer Probleme. Ist es nicht an der Zeit, dieser Verwilderung der Politiker Schranken zu setzen?

Schließlich fordert das Neue Denken politische Methoden zur Lösung von Problemen, zielt auf Geduld und Toleranz. Auch das ist absolut gerechtfertigt. Da kein Dialog geführt und nicht nach politischen Lösungen gesucht wird, hat das Vorgehen der Politiker immer häufiger blutige Folgen.

Nein, die Grundsätze des Neuen Denkens sind nicht veraltet. Mehr noch: Wenn es gelang, mit Hilfe dieser Grundsätze die

Konfrontation zu überwinden (obwohl sie seitens des Westens bei weitem nicht immer konsequent angewandt wurden), dann ist der gegenwärtig zu beobachtende Rückschritt auch wesentlich darauf zurückzuführen, daß man diese Grundsätze dem Vergessen anheimgegeben, eigensüchtigen Zielen und Handlungen geopfert hat. Eine der wichtigsten Voraussetzungen, um erneut eine Wende zum Besseren in der Weltpolitik zu erreichen, um die gegenwärtige komplizierte Übergangsordnung zu überwinden, besteht darin, sich erneut den Grundsätzen des Neuen Denkens zuzuwenden, solche Lösungen in der Weltpolitik zu finden, die diesen Grundsätzen entsprechen.

Dies wollen wir nicht so verstanden wissen, daß wir dafür werben, das Vorgehen und die Methoden der Vergangenheit einfach zu reproduzieren, selbst wenn damit Erfolge erzielt wurden. Nein, die Welt ist in ständiger Entwicklung, in ständiger Evolution begriffen, und auch das Neue Denken muß weiterentwickelt werden. Seine Grundsätze haben sich insgesamt als richtig erwiesen. Aber die konkreten Lösungen, die darauf beruhen, müssen der neuen, veränderten Welt entsprechen.

Unsere Stiftung konzentriert seit ihrer Gründung am 2. März 1992 ihre Bemühungen darauf, die weitere Entwicklung der Welt zu analysieren und die Schlußfolgerungen des Neuen Denkens auf dieser Grundlage weiter anzureichern.

Dabei mußte den politischen, genauer gesagt den geopolitischen Erscheinungen, den Veränderungen, die in diesem Bereich vor sich gegangen sind, besondere Aufmerksamkeit gewidmet werden. Diese sind in der Tat beträchtlich: An die Stelle der bipolaren Struktur der Welt ist eine neue multipolare, pluralistische Struktur getreten. Das Kräfteverhältnis zwischen den einzelnen Staaten und ihren Bündnissen hat sich wesentlich verändert. Auch die Faktoren, die Gewicht und Einfluß der

Staaten in der Weltpolitik bestimmen, haben sich gewandelt. Wirtschaftliche, wissenschaftlich-technische und technologische Faktoren sind in den Vordergrund getreten. Nicht zufällig spricht man heute immer öfter nicht nur von der wachsenden Rolle der Geopolitik, sondern auch der Geoökonomie. Je weiter wir unsere Analyse vorantrieben, desto deutlicher mußten wir aber auch erkennen, daß wir uns nicht allein auf diese geopolitischen und geoökonomischen Probleme beschränken können. Ihre Untersuchung ist absolut notwendig. Aber damit allein ist es noch nicht möglich, zu den eigentlichen Ursachen der bestehenden Probleme und Schwierigkeiten vorzudringen, Wege zu ihrer Lösung und Überwindung zu finden.

Die Entwicklung des gesamten Weltorganismus verläuft in einer komplizierten, zumindest zweidimensionalen oder zweischichtigen Struktur. Im Grunde genommen hat sich die ganze Weltgeschichte in dieser zweischichtigen Struktur vollzogen. Aber zu gewissen Zeiten wird sie besonders sichtbar und bringt sehr zugespitzte Widersprüche hervor.

Die erste, sozusagen die obere (oder oberflächliche) Schicht bilden die vielfältigen Beziehungen zwischen den Staaten, Völkern, Nationen und einzelnen Menschen. Hier spielt der subjektive Faktor eine entscheidende Rolle – die Politik, die Politiker, die unterschiedlichen politischen Kräfte. Hier schneiden und verflechten sich die Interessen der Staaten, der Völker, der sozialen und nationalen Gemeinschaften. Charakteristisch für die in dieser Sphäre ablaufenden Prozesse sind heftige Bewegung, konjunkturelle Schwankungen, ein häufiger Wechsel der Koordinaten. Neben dieser oberen Schicht der Weltentwicklung existiert eine weitere, tiefer liegende. Wir meinen damit die objektiven Veränderungen im Charakter der Zivilisation – von der ständigen Erneuerung der Mittel und Methoden des wirtschaftlichen Fortschritts bis zur unaufhaltsamen Evolution der Lebensweise von Millionen Menschen. Letzten Endes bestimmen diese Veränderungen die Dynamik und die Entwicklungsrichtung des Lebens auf unserem Erdball.

Nehmen wir die wirtschaftliche Entwicklung. Im 20. Jahrhundert sind die entwickelten Länder der Welt von der klassischen industriellen Produktion mit weit verbreiteter Handarbeit über das Fließband zur automatisierten Produktion und schließlich zur Kybernetisierung und Informatisierung gekommen. Aus der Industriegesellschaft ist eine Gesellschaft geworden, die häufig (vielleicht nicht immer ganz präzise) als postindustrielle oder Informationsgesellschaft bezeichnet wird.

Diese Prozesse waren natürlich mit den Abläufen verknüpft, die sich in der ersten, oberen Schicht vollzogen. Zwischen beiden bestand ein ganz eigener Zusammenhang. Der Fortschritt in Wissenschaft und Technik wurde wesentlich von den Erfordernissen der Politik und vom Kampf nach dem Prinzip jeder gegen jeden vorangetrieben. Im 20. Jahrhundert trat eine Gesetzmäßigkeit, die auch früher bestand, unverhüllt hervor: Die Kriege wurden zum stabilsten Verbraucher und wirksamsten Beschleuniger von Wirtschaft und Produktion.

Interessant ist aber etwas anderes. Während die oberflächlichen, vor allem die politischen Prozesse auf die tiefer liegenden einwirkten (vor allem auf die Wirtschaft, die Produktion und ihre revolutionären Veränderungen), hatten die tiefer liegenden Prozesse kaum Einfluß auf diejenigen, die sich an der Oberfläche vollzogen. Sie führten höchstens dazu, daß noch hartnäckiger versucht wurde, die Welt mit Gewalt zu verändern, je nachdem, wer die Geheimnisse der Technik früher und vollkommener beherrschte, um sie in blutigen Kriegen oder unblutigen Handelskriegen einzusetzen. Der wissenschaftlich-technische Fortschritt und die Entwicklung der Produktion haben aber nicht nur die Wirtschaft, sondern auch die Sozialstruktur der Gesellschaft, Bedürfnisse und Verbrauch, Lebens- und Denkweise der Menschen verändert. Dies sicherlich nicht immer entsprechend den realen Erfordernissen einer normalen Entwicklung. Hier wirkte wiederum der Einfluß der oberflächlichen Schicht, das konfrontative Wesen der politischen Kultur, der Egoismus der individualistischen Gesellschaft.

Die tiefer liegenden Prozesse im wissenschaftlich-technischen Bereich, die Computer- und Informatikrevolution haben vor allem dazu geführt, daß der in der Natur unserer Zivilisation liegende Trend zur Internationalisierung und schließlich Globalisierung der Entwicklung sich in beschleunigtem Tempo realisierte.

Wir haben hier nur einige Momente erwähnt. Aber sie reichen aus, um festzustellen: Es ist offensichtlich, daß die objektiven Veränderungen im Charakter der Zivilisation, die hier beschrieben wurden, in der Tätigkeit der Menschen, d. h. auf dem Niveau der Politik, adäquate Beachtung finden müssen. In der Regel ist das jedoch nicht geschehen.

Als sich diese Veränderungen in der Vergangenheit noch bedeutend langsamer vollzogen und im wesentlichen auch lokal begrenzt waren, hatte der Widerspruch zwischen den beiden Schichten der Weltentwicklung noch keine katastrophalen Folgen. Daß die Politik hinter der Entwicklung zurückblieb, konnte damals noch hingehen (obwohl es bereits negative Folgen hatte).

Seit die in der Entwicklung der Zivilisation ablaufenden Prozesse sich jedoch in den letzten Jahrzehnten stark beschleunigt, wesentlich vertieft und wahrhaft globalen Charakter angenommen haben, hat sich die Lage verändert. Es ist dringend notwendig geworden, neue Parameter der wirtschaftlichen, sozialen, politischen und geistigen Entwicklung der Gesellschaft zu definieren, eine Politik zu erarbeiten, die den neuen Herausforderungen des Lebens entspricht. Auch das ist nicht geschehen.

So haben wir heute die Situation vor uns, daß sich zwischen der objektiven Entwicklung und der Politik eine höchst gefährliche, nicht mehr akzeptable Kluft aufgetan hat. Mit der Zeit ist daraus ein Antagonismus entstanden, der die Welt zersprengen kann. Mit der Einstellung der Konfrontation und der Beendigung des Kalten Krieges trat eine teilweise Aufhebung dieses Widerspruches ein. Die gefährlichste Katastrophe, der Atomkrieg, wurde abgewendet. Aber es ist, wie bereits gesagt, erstens in der letzten Zeit eine Rückwärtsbewegung zu beobachten – sicher nicht zum Atomkrieg, aber möglicherweise zu neuen Spannungen. Zweitens hat die Einstellung der Konfrontation lediglich die Lage in der oberen Schicht der weltweiten Entwicklung in gewissem Maße normalisiert, dagegen die zweite, tiefer liegende Schicht praktisch nicht berührt und keine Lösung des Widerspruchs zwischen beiden gebracht.

Die Verschärfung dieses Widerspruchs und die Unfähigkeit der Politik, die tiefen Veränderungen in den Grundlagen der menschlichen Existenz zu berücksichtigen, haben dazu geführt, was wir die Krise der modernen Zivilisation nennen. Die der Menschheit zur Verfügung stehenden Ressourcen sind nahezu erschöpft. Die herkömmlichen Formen ihrer Entwicklung haben sich überlebt.

Mit aller Deutlichkeit zeigt sich eine Krise des Modells der technogenen Entwicklung. Die heutige technische Zivilisation, die dem Menschen enorme Möglichkeiten in die Hand gegeben hat, löste zugleich einen Konflikt zwischen dem Menschen und der übrigen Natur aus, der zu katastrophalen Folgen führen kann.

Sichtbar ist weiterhin – und zwar überall – eine Krise der Formen des gesellschaftlichen Lebens. Selbst in demokratischen Systemen verläuft das politische Leben immer weniger demokratisch. Die Widersprüche zwischen Mensch und Gesellschaft, zwischen Mensch und Macht werden nicht gelöst, sondern aufgestaut. Auch in den zwischenmenschlichen Beziehungen nehmen die Spannungen zu. Wir beobachten weiterhin eine ernste Krise der internationalen Beziehungen, die den Erfordernissen der heutigen interdependenten Welt ganz eindeutig nicht mehr gerecht werden. Die aus der Vergangenheit überkommene politische Kultur bietet nicht die Möglichkeit, daß die Weltgemeinschaft ihre Anstrengungen in der notwendigen Weise auf die Überwindung der globalen Gefahren konzentriert.

Die Weltwirtschaft wird immer wieder von spontanen Eruptionen, von unerwarteten Krisen erschüttert, die eine Bedrohung für alle darstellen. Die Spannungen zwischen dem Norden und vielen Staaten des Südens nehmen neue, gefährliche Formen an. Die Globalisierung der Wirtschaft im allgemeinen und der Finanzen im besonderen geht mit Versuchen einher, die Wirtschaft einzelner Länder zu destabilisieren. Es gibt Anzeichen dafür, daß gewisse wirtschaftliche Zentren koordiniert vorgehen, um Rußland an den Rand der Weltwirtschaft zu drängen und die Modernisierung Chinas aufzuhalten.

Eine deprimierende Erscheinung unserer Zeit ist der moralische Abstieg der Persönlichkeit und der Gesellschaft, der zuweilen bereits tragische Ausmaße annimmt. Grundwerte der Moral gehen verloren. Der Terrorismus, die Verbreitung von organisiertem Verbrechen und Drogenhandel – all das sind Gefahren an sich, zugleich aber auch ein Nährboden für die Kriminalisierung der Politik.

Schließlich ist eine Krise der Ideen zu beobachten. Die herrschenden Ideologien waren weder in der Lage, die Vorgänge zu erklären, noch einen vernünftigen Weg aus dieser Situation zu weisen.

Mit einem Wort, wir haben eine globale, umfassende Krise vor uns. All das hat unsere Stiftung zu dem Schluß geführt: Der Ausweg aus der gegenwärtigen Übergangsperiode kann nicht nur in der Lösung der heute aktuellen konkreten politischen Aufgaben gesucht werden, so wichtig sie auch sein mögen. Notwendig ist zugleich (dieses Wort heben wir besonders hervor) ein wesentliches Vorankommen bei der Suche nach Antworten auf die neuen Herausforderungen zivilisatorischen, globalen Charakters.

Aus unserer Sicht kommt es darauf an, die Grundlagen der Existenz der menschlichen Gesellschaft neu zu durchdenken und zu verändern, die Krisenerscheinungen zu überwinden, die diese Grundlagen befallen haben. Unsere Stiftung stellt ihre eigene Tätigkeit unter das Motto »Zu einer neuen Zivilisation«.

Natürlich haben wir nicht im Sinn, eine neue Heilslehre zu erfinden oder ein umfassendes Modell zur Erneuerung der Welt vorzulegen. Das Leben hat eindeutig gezeigt, daß derartige Rezepte oder Modelle keinerlei Nutzen bringen. Ganz und gar inakzeptabel sind Versuche, der Gesellschaft mit Gewalt, selbst bei Strafe ihres Unterganges, gewisse künstlich ausgedachte Konzeptionen aufzuzwingen.

Wenn wir den Weg zu einer neuen Zivilisation finden wollen, dann ist dies nur möglich durch eine Analyse der realen Prozesse sowie der sich dabei zeigenden Tendenzen und Erfordernisse der Entwicklung. Es gilt zu bestimmen, welche dieser

Tendenzen gefördert und welche gebremst werden müssen, welche Probleme dringender Maßnahmen bedürfen und wo zielstrebige, aber längerfristige Anstrengungen möglich sind. Davon ausgehend, gilt es zu klären, welche (politischen, wirtschaftlichen oder anderen) Instrumente angewandt oder vervollkommnet werden müssen. In allgemeinster Form (und ohne Einzelheiten vorwegnehmen zu wollen) ist für uns offensichtlich: Die Menschheit braucht eine Zivilisation der harmonischen oder zumindest nichtkonfrontativen Koexistenz des Menschen mit der übrigen Natur, eine Zivilisation der friedlichen und demokratischen gemeinsamen Entwicklung der Staaten, Völker und Nationen. Und natürlich eine Zivilisation, die humaner und gütiger gegenüber dem Menschen ist, die seine Rechte schützt und ihm die Möglichkeit gibt, sich allseitig zu entwickeln.

Die Errichtung einer solchen Zivilisation ist eine langfristige Aufgabe (die allerdings aus historischer Sicht keinen Aufschub duldet). Kaum jemand in der Welt ist heute jedoch zu den tiefgreifenden und grundlegenden Veränderungen bereit, die erforderlich wären, um eine solche Zivilisation zu entwickeln. Wenn die Dinge sich so verhalten, ist dann das Motto unserer Stiftung nicht reine Utopie? Nein! Aus jeder Situation gibt es einen Ausweg.

Ohne sofort umfassende Veränderungen anzustreben, kann man sich ihnen Schritt für Schritt nähern, rasche Lösungen dort finden, wo sie unabdingbar sind, Teillösungen akzeptieren oder selbst halbe Schritte dort tun, wo mehr noch nicht möglich ist. Sie werden die Felder der Übereinstimmung vergrößern und den Spielraum für nachfolgende, gewichtigere Schritte erweitern.

Eindeutig inakzeptabel sind heute Schritte oder Maßnahmen, die auf abrupte, revolutionäre Veränderungen in bestimmten Bereichen der internationalen Beziehungen oder im inneren Leben der Staaten abzielen. In unserer zerbrechlichen und auf jähe Wendungen äußerst sensibel reagierenden Welt wäre das der sichere Untergang. Evolution, Reformen, gut durchdachte Transformationen dürften das optimale Vorgehen und der richtige Kurs sein.

Nach unserer Meinung kann mit der Anwendung der Grundsätze des Neuen Denkens durchaus ein schrittweises, aber stetiges Vorankommen gewährleistet werden – bei Achtung der freien Wahl des Entwicklungsweges, ohne jemandes Interessen zu beeinträchtigen, ohne die Eigenständigkeit und Spezifik der nationalen oder regionalen Zivilisationen zu bedrohen.

Gebraucht werden heute neue Fragestellungen und neue Schlußfolgerungen. Vor allem gilt es, sich auf die Herausforderungen des neuen Jahrtausends zu konzentrieren, das bereits vor der Tür steht. Denn es sind die Herausforderungen, die nicht nur die Fortexistenz der Menschheit, sondern allen Lebens auf der Erde an uns stellt.

Dies sind:
– die Herausforderung der Globalisierung
– die Herausforderung der Vielfalt
– die Herausforderung der globalen Probleme
– die Herausforderung der Politik der Stärke
– die Herausforderung der Demokratie
– die Herausforderung der allgemeinen Menschheitswerte.
Man kann einwenden, das alles sei bekannt. Ja, es ist bekannt. An das Gerede von diesen Herausforderungen sind wir seit langem gewöhnt. Aber Gewöhnung stumpft die Wahrnehmung ab, schwächt das Gespür für eine drohende Gefahr. Gewöh-

nung hindert uns daran, nachzudenken und energisch zu handeln, um diese Gefahr zu bannen. Unter Politikern, zuweilen aber auch in Kreisen der Wissenschaft wird zur Dämpfung der Leidenschaften der Gedanke verbreitet, dies alles sei doch sehr übertrieben, die Dinge würden von selbst ins Lot kommen. Auch bisher seien viele Prognosen nicht eingetroffen...

In Wirklichkeit ist die Fragestellung einfach bis zur Banalität, zugleich aber von provozierendem Ernst. Sie lautet: Können wir uns den Herausforderungen der Zukunft entziehen?

Die Antwort ist für alle, die sich tiefere Gedanken über die Zukunft machen, klar wie der Tag: Nein, diesen Herausforderungen, der Suche nach wirksamen Antworten könnten wir uns nicht entziehen. Wir haben nicht das Recht dazu. Denn sich ihnen zu entziehen hieße, über künftige Generationen das Todesurteil zu sprechen. Wir sind überzeugt, daß die Menschheit die Herausforderungen der Zukunft bewältigen wird. Was ist dafür notwendig? Wir wollen versuchen, auf diese Frage zu antworten, indem wir die genannten Herausforderungen nacheinander betrachten. Bei der Suche nach Antworten wollen wir sowohl die tiefer liegende, zivilisatorische als auch die an der Oberfläche liegenden politischen, wirtschaftlichen und weitere Ebenen untersuchen.

Die Herausforderung der Globalisierung

Die Entwicklung der Welt zu einer vielseitigen Einheit hat sich niemand ausgedacht. Das ist keine abstrakte Konzeption, wie zuweilen behauptet wird, sondern eine objektive Tendenz der gesellschaftlichen Entwicklung. Ihre Wurzeln reichen viele Jahrhunderte zurück: Die Wissenschaft – sowohl in Rußland als auch in anderen Ländern – datiert sie in die Zeit vom 15. bis zum 18. Jahrhundert. Diese Tendenz ist über die Jahrhunderte in den vielfältigsten Formen hervorgetreten – von der Entstehung der Weltreiche bis zu den kolonialen Eroberungen, von der Gründung der Handelsgesellschaften, die auf mehreren Kontinenten tätig waren, bis zur Entwicklung der weltweiten Verkehrswege, vom Auftauchen internationaler Konzerne über die Bildung der gegenwärtigen transnationalen Gesellschaften bis hin zu den neuen weltweiten Kommunikationsmitteln.

Bereits in den siebziger und achtziger Jahren unseres Jahrhunderts hat in der Wissenschaft der Begriff der »Mondialisierung« Verbreitung gefunden. Er beschrieb die offensichtliche Tatsache, daß die Produktions- und Austauschprozesse sich internationalisiert haben. Dazu gehören auch die starken Kapitalströme von einem Land ins andere, eine enorme Entwicklung des Handels, die in ihrem Tempo das Wachstum der Produktion weit übertrifft.

Heute werden die weltweit ablaufenden Prozesse mit dem Begriff der »Globalisierung« umschrieben. In ihm kommt zum Ausdruck, daß die Internationalisierungsprozesse im Grunde genommen alle Lebensbereiche der Weltgemeinschaft erfassen, daß zugleich der wechselseitige Zusammenhang und die wechselseitige Abhängigkeit von Staaten und Völkern eine eindeutige qualitative Ausprägung erfahren haben, zu einer realen Größe geworden sind.

Der Prozeß der Globalisierung ist in vieler Hinsicht von inneren Widersprüchen gekennzeichnet. Einerseits eröffnet er in der Tat der ganzen Welt und jedem Lande neue, nie gekannte Chancen, sich rascher zu entwickeln, die fortgeschrittensten Produktionsformen und -methoden anzuwenden, am Austausch geistiger und kultureller Werte teilzuhaben. Andererseits gibt er den technisch-wirtschaftlich und politisch stärkeren Staaten viel größere Möglichkeiten als bisher, andere Staaten und Völker auszubeuten, aus dem ungleichen Entwicklungsniveau der einzelnen Regionen unseres Planeten übermäßige Vorteile zu ziehen.

Ein weiterer Aufriß dieses Problems: Die Globalisierung ermöglicht den Zusammenschluß der kreativen Kräfte der Weltgemeinschaft zur Lösung der globalen Probleme. Zugleich bringt sie aber auch eine fortschreitende Internationalisierung dieser Probleme selbst, ihrer negativen Auswirkungen auf das Leben der ganzen Weltgemeinschaft mit sich.

Das positive wie negative Potential dieser Prozesse zusammenfassend, sprechen wir von der Herausforderung der Globalisierung. Wir meinen, daß ihre verschiedenen Seiten und Erscheinungsformen eine neue Qualität der Tätigkeit der Menschen, deren Anpassung an die neuen Bedingungen und damit eine neue Qualität der Politik im weitesten Sinne erfordern.

Die Anerkennung der Globalisierung als Haupttendenz in der Entwicklung der Weltgemeinschaft beim Übergang vom 20. zum 21. Jahrhundert war, wie bereits gesagt, der Ausgangspunkt für das Neue Denken, wie es in den Jahren 1985–1991 formuliert wurde. Heute ist diese These von nicht geringerer, sondern eher von noch größerer Aktualität als damals. Denn in den vergangenen Jahren hat sich diese Tendenz nicht abgeschwächt, sondern noch verstärkt. Und dies nicht nur deswegen, weil der internationale Austausch von Waren, Kapital, Technologien und kulturellen Werten in dieser Zeit quantitativ angewachsen ist. Es sind auch qualitativ neue Momente entstanden, die der Globalisierung neue Dimensionen verleihen.

Vor allem müssen hier die Folgen der geopolitischen Veränderungen erwähnt werden, die mit den sozialpolitischen Umwälzungen in den Staaten der ehemaligen UdSSR, in Mittel- und Osteuropa sowie in anderen Regionen einhergehen (wo sie allerdings weniger prägnant oder weniger umfassend erscheinen). Diese Veränderungen haben der Globalisierung in wirtschaftlicher und anderer Hinsicht einen neuen Schub verliehen.

Denn diese Staaten, die sich – zum ersten Mal nach dem Zweiten Weltkrieg – zugleich auf den Weg in die Marktwirtschaft und in die pluralistische Demokratie begeben haben, greifen nach einer Zeit gewisser Autarkie nunmehr aktiv in die Weltwirtschaft ein. Der Weltmarkt hat damit wahrhaft weltweiten Charakter angenommen. Das hat zu einer neuen Herausforderung geführt. Vor allem für die Staaten, die diese Wende vollzogen haben: Sie sind in den Ozean der weltweiten Konkurrenz geraten und können sich seinen Erfordernissen natürlich nicht augenblicklich anpassen. Das hat ihren Volkswirtschaften in beträchtlichem Maße geschadet. Die »älteren« Akteure auf dem Weltmarkt haben es nicht versäumt, die Situation zu nutzen, um auf den verwaisten Märkten der Neuankömmlinge ihr Glück zu versuchen.

Zum ersten Mal seit Jahrzehnten ist also ein globales Feld der freien Konkurrenz mit all seinen Vorzügen und Nachteilen entstanden. Dies ist ein wichtiger Schritt zur Vertiefung des wechselseitigen Zusammenhangs und der wechselseitigen Abhängigkeit der Staaten und Völker.

Eine weitere qualitative Veränderung, die sich insbesondere in den letzten Jahren zeigt, ist die stürmische Entwicklung der Revolution im Bereich der Informatik, die die gesamte Wirtschaft erfaßt, vor allem aber das internationale Finanz- und Bankwesen. Die gesamte Weltwirtschaft ist dynamischer geworden. Die Wechselwirkung (und damit auch die Konkurrenz) zwischen den nationalen Volkswirtschaften hat sich verstärkt. Die transnationalen Gesellschaften gewinnen immer größere Unabhängigkeit von den nationalen Wirtschaften und agieren weltweit, ohne auf deren Interessen Rücksicht zu nehmen. Ein besonders tiefgreifender Wandel hat sich im finanziellen Bereich vollzogen. Die Mobilität des Kapitals ist geradezu dramatisch gewachsen, die modernen Kommunikations- und Informationssysteme haben neue Finanztechnologien hervorgebracht. Die Bewegung des Kapitals verläuft losgelöst von der Bewegung der Waren und Dienstleistungen. Auf letztere entfallen heute kaum noch zwei Prozent des Kapitalumsatzes von etwa einer Billion Dollar täglich. Der Rest sind spekulative Operationen. Diese Operationen auf den weltweiten Finanzmärkten, die gegenwärtig bereits in Realzeit ablaufen, können sich jeglicher Kontrolle entziehen – eine Entwicklung, die große Gefahren in sich birgt.

Zu ernster Sorge geben auch neue Entwicklungen und Probleme im Bereich der allgemeinen Sicherheit Anlaß. Die globale

Gefahr eines atomaren Infernos ist zwar zurückgegangen, aber noch nicht völlig gebannt. Gegenwärtig haben wir es vor allem mit einer globalen Schwäche der Sicherheit zu tun.

Die Welt ist voller verstreuter Konflikte, die eine große Anzahl von Menschen betreffen und in deren Überwindung immer mehr Staaten einbezogen werden. Das ist darauf zurückzuführen, daß diese Konflikte die unterschiedlichsten Interessen – von nationalen bis religiösen – berühren. Dabei beobachten wir auf dem ganzen Erdball eine schleichende Verbreitung nicht nur von Massenvernichtungsmitteln wie Atom- und Chemiewaffen, sondern auch von High-Tech-Waffen im konventionellen Bereich. Dazu kommt, daß sich parallel dazu der internationale Terrorismus global ausbreitet, sich mit der Drogenmafia verbindet und immer häufiger auch einen bestimmten Teil des politischen Establishments für seine Ziele einspannt.

Schließlich müssen wir sehen, daß die globalen Probleme sich nicht nur vertiefen. In den letzten Jahren werden bereits die praktischen Folgen dieser Vertiefung immer deutlicher sichtbar. Die Ozonlöcher wachsen. Vor allem auf der nördlichen Halbkugel ist eine allgemeine Klimaerwärmung zu beobachten. Die Zahl der Naturkatastrophen nimmt zu. Defizite bei den Nahrungsmittelreserven, Energiequellen und Trinkwasservorräten werden sichtbar.

All dies sind Phänomene, die vor allem in den letzten Jahren aufgetaucht sind oder sich zugespitzt haben. Auf den ersten Blick könnte es so aussehen, als handle es sich um isolierte Erscheinungen. In Wirklichkeit sind all dies Auswirkungen oder Folgen der rasch voranschreitenden Globalisierung der menschlichen Existenz, der zunehmenden allgemeinen Interdependenz, die, für sich genommen, eine komplizierte und in sich widersprüchliche Erscheinung darstellt.

Ganz eindeutig werden unter diesen Bedingungen sowohl seriöse theoretische Arbeiten als auch neue politische Schlußfolgerungen gebraucht, die die Thesen des Neuen Denkens aufnehmen und weiterentwickeln.

In theoretischer Hinsicht, aber auch für die Politik gewinnt das Problem des Verhältnisses zwischen weltweiten, globalen und nationalstaatlichen Interessen großes Gewicht. Es war auch früher von Bedeutung, wurde heiß debattiert, aber bei weitem nicht immer verstanden. Heute stellt es sich mit besonderer Schärfe.

Das Feld gemeinsamer Interessen der Menschheit in ihrer Gesamtheit wächst weiter. Alle Erscheinungen, von denen eben die Rede war, verleihen den allgemeinen Menschheitsinteressen zunehmendes Gewicht.

Nach der Beendigung des Kalten Krieges jedoch haben in allen Regionen und für alle Völker die eigenen regionalen, nationalen und sogar lokalen Interessen wesentlich größere Bedeutung erlangt. Da der Druck der Konfrontation geschwunden ist, haben sich für die Selbstbestätigung der zahlreichen neuen Staaten und für die Identitätsfindung der Regionen, Nationen und Völker nie dagewesene Räume geöffnet. Wer derartige Handlungsfreiheit gewonnen hat, wen Blockdisziplin oder Bedrohung von außen nicht länger bedrücken, für den hat nun diese Selbstbestätigung, nicht die Lösung der allgemeinen Menschheitsprobleme, erste Priorität. Dabei spielt auch die wachsende Interdependenz, insbesondere die Vertiefung der Integrationsprozesse in einigen Regionen eine Rolle. Da sie sich lawinenartig ausbreiten, werden verschiedene Gemeinschaften von der Furcht befallen, sie könnten ihre Identität verlieren. Die Menschen versuchen dieser Gefahr zu entgehen, indem sie sich in ihre nationale, regionale oder religiöse Nische zurückziehen.

Wie können diese erklärlichen und insgesamt sogar unumgänglichen Prozesse miteinander in Einklang gebracht werden? Bislang gibt es keine Antwort auf diese Frage. Aber sie ist notwendig. Zu suchen ist sie eindeutig im politischen Bereich und sicher nicht zuletzt im Zusammenhang damit, daß eine gewisse Steuerung der Prozesse in der Welt herbeigeführt werden muß. Doch davon später. Und noch eine theoretisch-politische Frage, die bei der Weiterentwicklung des Neuen Denkens zu erwägen ist – die Umkehrung der gegenseitigen Beeinflussung der in den einzelnen Ländern und im internationalen Bereich ablaufenden Prozesse sowie der entsprechenden Politikbereiche.

Als die Konfrontation noch im Gange war und auch als man daran ging, sie zu überwinden, übten die internationalen Prozesse wachsenden Einfluß auf das innere Leben der Staaten aus. Der Kalte Krieg zwang sie alle, ihre Aktionen im nationalen Rahmen seinen Forderungen zu unterwerfen, er deformierte die politischen (und nicht nur die politischen) Prozesse, behinderte ihren normalen Ablauf.

In den letzten Jahren haben sich die Akzente verschoben: Aktionen der Staaten im Bereich ihrer Innenpolitik wirken sich immer spürbarer auf das Leben anderer Staaten aus. Das betrifft die Lösung nationaler, wirtschaftlicher, ökologischer und vieler anderer Probleme.

Man darf z. B. nicht vergessen, daß militärische Kreise in der postkonfrontativen Zeit in den meisten Fällen innerhalb eines Staates ausbrachen und erst danach (wenn auch nicht immer) internationalisiert wurden. Diesen Konflikten lagen zumeist falsche oder unglückliche innenpolitische Entscheidungen zugrunde, die vorwiegend nationale Probleme betrafen.

Daraus ergibt sich eine wachsende Verantwortung jedes Staates für seine Innenpolitik vor der gesamten Weltgemeinschaft. Jeder Staat und jede politische Kraft haben bei ihren innenpolitischen Entscheidungen auch die Bedürfnisse der Weltgemeinschaft, ihre Probleme und Sorgen ins Kalkül zu ziehen. Der große deutsche Physiker Carl Friedrich von Weizsäcker hat nicht zufällig den Begriff der Weltinnenpolitik in die Sprache der Wissenschaft eingeführt. Leider wird dieser neue Zusammenhang zwischen inneren und äußeren Angelegenheiten in der praktischen Politik der Staaten bei weitem noch nicht genügend beachtet. Ohne dies können aber politische Entschlüsse fehlerhaft, viele von ihnen sogar schädlich sein. In erster Linie für den Staat, der sie faßt.

All dies zusammengenommen – die neuen Erscheinungen der Globalisierung, ihre Folgen und die daraus entstehenden neuen Probleme – macht es nach unserer Meinung erforderlich, daß der internationale Dialog, der bei der Einstellung des Kalten Krieges eine unersetzliche Rolle gespielt hat, auf ein ganz neues Niveau gehoben wird. Vor allem muß begriffen werden, daß in der neuen Etappe allein die Beteiligung der Großmächte an einem Dialog, der die Hauptrichtungen der Weltpolitik bestimmt, nicht mehr ausreicht. Es ist dringend notwendig, die Bemühungen, die Erfahrungen und das intellektuelle Potential der Mehrheit der Nationen aus allen Teilen der Welt zusammenzuführen. Mechanismen müssen entwickelt werden, die eine gewisse Steuerung der Prozesse in der Welt ermöglichen.

In den vorausgegangenen Etappen der gesellschaftlichen Entwicklung verfügten die nationalen Gesellschaften, die Staaten über ihren politischen und juristischen Rahmen, ihre innerhalb der nationalen Grenzen geltenden Spielregeln. Aber in unserer Welt, da die Globalisierung rasch voranschreitet, sehen wir, daß diese Spielregeln noch rascher veralten. Und die Probleme werden nicht gelöst, sondern spitzen sich weiter zu.

Die Politik in unserer Zeit muß eine wahrhaft philosophische Sicht auf die Welt in ihrer Gesamtheit und zugleich Widersprüchlichkeit, nicht als Antagonismus, sondern als Einheit ihr innewohnender Gegensätze gewinnen. Anderenfalls wird sie ihre Rolle nicht spielen können. Die Aufgabe, die globalen Prozesse zu steuern, wird unerfüllt bleiben.

Der Gedanke, daß gewisse Spielregeln für die neue Welt entwickelt und eine Steuerung der weltweiten Prozesse erreicht werden müssen, findet heute immer breitere Anerkennung. Mehr noch, bestimmte Versuche in dieser Richtung sind bereits zu erkennen. Die Rolle einer solchen steuernden Kraft streben die G 7 an. Mehr noch, die USA haben aus dem Munde hochrangiger Vertreter bereits mehrfach Anspruch auf eine »amerikanische Führung der Welt« erhoben. Weder der erste noch der zweite Anspruch jedoch sind begründet. Die heutige Welt besteht aus freien, unabhängigen und souveränen Staaten, die nicht bereit sind, eine fremde Führung zu akzeptieren. Das wird mit jedem Jahr deutlicher sichtbar. Mehrfach wurde der Gedanke geäußert, eine Weltregierung zu schaffen. Er geistert nach wie vor durch wissenschaftliche und politische Publikationen. Aber auch er ist, zumindest bislang, nicht realisierbar. Heute spielen im politischen Denken ganz andere Probleme eine Rolle – Selbstbestimmung, Selbstidentifikation oder Selbstverwaltung.

In der gegenwärtigen Etappe, an der Schwelle zum 21. Jahrhundert, kann die Idee einer Steuerung der weltweiten Prozesse in Form einer Koordinierung der Aktionen der Staaten, der Zusammenführung dieser Aktionen für die Lösung ganz konkreter gemeinsamer Probleme realisiert werden.

Natürlich – und auch das gilt es zu beachten – hat jedes Volk seine eigene Sicht auf gemeinsame Probleme und selbst gemeinsame Bedrohungen (z. B. im ökologischen Bereich). Deshalb betreffen sie aber nach wie vor alle gemeinsam und erfordern eine gemeinsame Antwort.

Um Mißverständnisse zu vermeiden, wollen wir sofort klarstellen: Die Antwort muß gemeinsam, aber durchaus nicht gleichförmig sein. Lösungsvorschläge müssen ihrem Inhalt nach in dem Sinne grundsätzlich übereinstimmen, daß sie das Wesen der akuten Gefahren für die Zivilisation gleich bewerten. Sie können aber in dem Sinne vielfältig sein, daß sie die spezifischen Bedingungen jedes Landes und jedes Volkes berücksichtigen.

Die Probleme müssen gemeinschaftlich erörtert werden und zur Vereinigung der Anstrengungen aller Völker führen. Diese Vereinigung bedeutet aber keine Standardisierung. Die konkreten Aktionen zur Überwindung der entstandenen Gefahren müssen in jedem Lande und in jeder Region deren realen Bedingungen entsprechen. Jeder hat seinen eigenen Pfad zur gemeinsamen Rettung. Alle diese Pfade müssen aber letzten Endes in einen gemeinsamen Weg münden. Vor allen Völkern und Staaten steht heute eine völlig neue, nie dagewesene Aufgabe – ihre Aktionen in den Bereichen aufeinander abzustimmen, die alle gemeinsam bewegen und allen gleichermaßen wichtig sind.

Das ist eine äußerst komplizierte Aufgabe! Denn durch die Jahrhunderte waren die Menschen daran gewöhnt, daß Staaten und Völker isoliert handeln. Jeder kümmerte sich um sich selbst. Andere wurden im besten Falle als zeitweilige Verbündete oder Weggefährten angesehen. Zuweilen – und gar nicht so selten – versuchte man seine Probleme auf Kosten anderer zu lösen. Unter den heutigen Bedingungen kann ein solches Verhalten den einzelnen Staat nur in noch größere Schwierigkeiten stürzen. Wer versucht, das Nullsummenspiel zu spielen, verliert dabei selbst. Aber damit die Menschen das begreifen und in der Praxis auch danach handeln, wird eine wahre psychologische Revolution erforderlich sein.

In gewissem Maße hat sie bereits begonnen. Aber was wir bisher sehen, sind lediglich die ersten Schritte. Dabei ist uns kaum noch Zeit geblieben...

Wie weiter? Was ist angesichts all dieser psychologischen und politischen Komplikationen zu tun?

Es ist ganz klar, daß wir nicht sofort, mit einem großen Sprung zur Koordinierung der Aktionen in der Weltgemeinschaft, zur Steuerung der weltweiten Prozesse kommen werden. Das heißt, wir werden uns diesem Ziel Schritt für Schritt nähern müssen. Dabei gilt es zunächst, die bereits vorhandenen Instrumente zur Koordinierung und Abstimmung des Vorgehens der Staaten stärker ins Spiel zu bringen.

Das betrifft in erster Linie die Organisation der Vereinten Nationen. 1995 ist sie 50 Jahre alt geworden. Das vergangene halbe Jahrhundert hat sie eindrucksvoll demonstriert, über welch enorme Möglichkeiten diese Organisation verfügt und wo ihre Grenzen liegen. Die UNO war dann am wirksamsten, wenn ihre Mitgliederstaaten – und bei weitem nicht nur die ständigen Mitglieder des Sicherheitsrates – sich in ihrem Wollen und Streben einig waren, sich konkrete, realistische Ziele stellten und sich gemeinsam für sie einsetzten. Darauf kommt es auch heute an.

Gerade in letzter Zeit jedoch zeigt sich immer deutlicher die Gefahr, daß die Rolle der UNO eingeschränkt werden soll. Es tauchen Vorschläge auf, ihre Funktionen zu beschneiden. Man versucht ihre Beschlüsse zu manipulieren.

Offenbar wird es immer notwendiger, die Funktionen und die Rolle der UNO unter Berücksichtigung all der neuen

Aspekte unserer Gegenwart, von denen hier die Rede war, erneut zu präzisieren und weiter zu vervollkommnen. Die UNO muß zu einem Organ werden, das die Besonderheiten der neuen Welt, ihre Herausforderungen und realen Erfordernisse umfassend berücksichtigt.

Wie kann die UNO weiter vervollkommnet werden? Diese Frage wird international breit erörtert. Viele Reformprojekte liegen bereits vor. Aber keines hat bisher den notwendigen Konsens aller Mitglieder gefunden. Selbst solche vom UNO-Generalsekretär vorgelegten und äußerst nützlichen Dokumente wie die Agenda für Frieden und die Agenda für Entwicklung stehen bisher im wesentlichen auf dem Papier.

Wir wiederholen – konkrete Vorschläge zur Vervollkommnung der UNO müssen Ergebnis der Bemühungen der ganzen Weltgemeinschaft sein. Dabei drängen sich einige Aspekte ganz von selbst auf: Die UNO ist vor allem eine Organisation für Frieden und Sicherheit. Bei ihrer Gründung war sie aber vor allem darauf gerichtet, militärische Bedrohungen abzuwenden. Heute hat die Sicherheit viele verschiedene Aspekte – ökonomische, ökologische und soziale. All das muß berücksichtigt werden – in der UNO-Charta, in der Struktur und Zusammensetzung ihrer Organe. In diesem Zusammenhang drängt es sich geradezu auf, einen wirtschaftlichen Sicherheitsrat zu bilden, der u. a. die Tätigkeit der internationalen Finanzzentren unter Kontrolle nehmen könnte. Dringend notwendig ist ein mit wirklichen Befugnissen ausgestattetes Organ für die ökologische Kontrolle und die Abstimmung des Vorgehens der Staaten in diesem Bereich. Die Entwicklung der letzten Zeit läßt auch die Bildung eines Organs für Informationssicherheit als geboten erscheinen. Schließlich ist auch ein Koordinationszentrum für den Kampf gegen den Terrorismus, das organisierte Verbrechen und den Drogenhandel dringend notwendig geworden.

Die UNO ist die einzige wirklich globale Organisation. Und es ist an der Zeit, über Schritte nachzudenken, wie die Interessen und Meinungen aller Mitgliedstaaten in ihren Beschlüssen maximale Berücksichtigung finden können. Dabei stehen die Zusammensetzung des Sicherheitsrates, seine ständigen Mitglieder und die Rechte der Vollversammlung zur Debatte. Vielleicht muß ein bestimmter Teil der Beschlüsse der Vollversammlung – wenn sie lebenswichtige globale Fragen betreffen – für alle Mitgliedstaaten als bindend erklärt werden.

Zu bedenken wäre, ob die UNO nicht eine Konzeption für ein gemeinsames Vorgehen, eine Art Gesamtstrategie für globale Partnerschaft braucht. Wichtiger Bestandteil dieser Strategie müßte ein sorgfältig erarbeiteter Komplex von Verfahren sein, mit deren Hilfe Konflikte prognostiziert und – vor allem mit politischen Mitteln – bereits im Keim erstickt werden können. Natürlich muß die UNO auch weiterhin das Recht haben, Blauhelme einzusetzen. Aber nicht, um an der Seite einer Partei gegen eine andere zu kämpfen, sondern vor allem, um Voraussetzungen für die politische Konfliktlösung zu schaffen, die verfeindeten Seiten voneinander zu trennen, bevor sie zur Waffe greifen.

Eine wichtige Aufgabe der UNO und ihrer Institution ist die Vervollkommnung des modernen Völkerrechts. Dieses stellt bis heute eine nichtkodifizierte Sammlung juristischer Normen dar, die einander häufig widersprechen und bei weitem nicht den gesamten Bereich der internationalen Beziehungen erfassen. Die neuen Probleme, die in den letzten Jahrzehnten aufgetaucht sind, haben dort bisher in der Regel keinen Eingang gefunden.

Im Lichte der Globalisierungsprozesse erscheint es z. B. immer dringlicher, das Prinzip der nationalen Souveränität neu zu definieren. Das ist ein sehr delikates Problem. In einer Zeit der stürmischen Renaissance nationaler Gefühle gewinnt die Souveränität besonderes Gewicht. Trotzdem ist von allen Staaten mehr oder weniger anerkannt, daß das Prinzip der absoluten Souveränität heute in gewissen Bereichen nicht mehr funktioniert. Die wachsende Zahl internationaler Verträge, die Festlegungen zu verschiedensten Problemen – von der Rüstungsreduzierung bis zu Maßnahmen im Umweltbereich – enthalten, demonstriert dies anschaulich. Die Staaten deligieren heute einen Teil ihrer souveränen Rechte an die internationale Gemeinschaft. Diese Praxis wird weiter um sich greifen und muß dringend juristisch fundiert werden.

Eine weitere, nicht weniger delikate Frage: Auch die bestehenden Normen des Völkerrechts sind in der Regel nicht durch notwendige Maßnahmen der Kontrolle ihrer Durchführung seitens der Mitglieder der Weltgemeinschaft untermauert. Aber die Globalisierung stellt neue Anforderungen im Sinne einer Art internationaler Verantwortlichkeit oder, wenn man so will, internationaler Disziplin. Was kann man in diesem Sinne tun? Dies ist eine neue Frage, die dringend der Erörterung bedarf.

Man könnte weitere Bereiche nennen, wo die Tätigkeit der UNO zu vervollkommnen ist. Das Wichtigste aber besteht darin, daß die heutige Rolle der UNO in der Welt, ihre globale Bedeutung bekräftigt und neu fixiert werden müssen. Vor allem muß begriffen werden: Wie die Funktionsweise und Struktur dieser Organisation auch immer weiterentwickelt werden mögen, sie kann nicht wirksam sein, ohne daß alle Staaten ihre Tätigkeit und ihre Beschlüsse achten und respektieren. Das schließt eine der Rolle der UNO würdige, termingemäße Finanzierung ihrer Tätigkeit ein. Zu diesem Thema sollte eine Sondertagung der UNO einberufen werden. Neben der UNO existieren heute faktisch auf allen Kontinenten verschiedene regionale Organisationen, die nicht selten den ganzen betreffenden Kontinent umfassen. Sie haben politische und in einigen Fällen auch wirschaftliche Funktionen. Daß diese Organisationen entstanden sind, ist im Grunde genommen ebenfalls Ausdruck der Globalisierungstendenz, der Notwendigkeit, Beschlüsse, die Frieden, Sicherheit und Zusammenarbeit in der jeweiligen Region betreffen, stärker zu koordinieren. Zugleich gerät die Regionalisierung der Welt auch in einen gewissen Widerspruch zu ihrer Globalisierung. Es entsteht die Gefahr, daß die wirtschaftliche und politische Konkurrenz zwischen einzelnen regionalen Organisationen wächst.

Angesichts dessen glauben wir, daß es unbedingt notwendig ist, eine wirksame Zusammenarbeit der regionalen Organe und Organisationen der UNO, ihres Sicherheitsrates und weiterer Strukturen zu organisieren. Dadurch wird es einerseits möglich, ein gewisses einheitliches System von weltweiten und regionalen Instrumenten und Beschlüssen aufzubauen, und andererseits zu erreichen, daß die regionalen Organisationen besser zusammenwirken und nicht miteinander rivalisieren.

Im wirtschaftlichen Bereich ist eine Konkurrenz zwischen ihnen (wie auch zwischen einzelnen Staaten) nicht zu vermeiden. Aber internationale Wirtschafts- und Finanzorganisationen können dafür bestimmte Rahmen setzen. Das betrifft z. B. die Welthandelsorganisation (unter der Voraussetzung, daß sie sich für Gleichberechtigung und gegenseitige Respektierung der Interessen einsetzt). Mit den Veränderungen im Weltwährungssystem und, mehr noch, der Verbreitung der Marktwirtschaft über den ganzen Erdball ist eindeutig die Zeit gekommen, die entsprechenden internationalen Organisationen, die vor einem halben Jahrhundert in Bretton Woods gegründet wurden, zu reformieren.

Zu den regionalen Organisationen für Frieden, Sicherheit und Zusammenarbeit drängt sich eine weitere Bemerkung auf. Diese Organisationen können großen Nutzen bringen. Aber nur dann, wenn sie dafür über die notwendigen Rechte und Instrumente verfügen. Auf das Problem der europäischen Sicherheit und die Regionalorganisation für Europa, die OSZE, kommen wir noch zurück. Aber bereits hier sei gesagt: Gerade das Beispiel dieser Organisation beweist: Wenn sie über keine fest umrissenen Rechte, vor allem nicht über das Recht verfügt, für alle Mitgliedstaaten bindende Beschlüsse zu fassen, wenn die ihr zur Verfügung stehenden Instrumente schwach sind, ihre Beschlüsse höchstens Empfehlungscharakter tragen und sie lediglich Beobachter entsenden darf, dann kann sie nicht zu einem wirksamen Organ der Sicherheit und Zusammenarbeit werden.

Zur Rechtfertigung könnte angeführt werden, daß die OSZE aus dem Stadium ihres Aufbaus noch nicht recht herausgekommen ist. Sichtbar ist aber etwas anderes: Eine Reihe einflußreicher Mitgliedstaaten unternimmt alles, damit sie keine echte Wirksamkeit erlangt. Die Gründe dafür können verschieden sein – von der mangelnden Bereitschaft, sich den Beschlüssen der OSZE zu beugen, weil sie einem »lästig« erscheinen, bis hin zu der Absicht, die NATO als wichtigstes Sicherheitsorgan in Europa zu erhalten.

Und noch etwas. Antworten auf die Herausforderungen der Globalisierung zu finden, ist in unserer Zeit durchaus nicht nur Sache von Berufspolitikern. Die letzten Jahre, insbesondere das letzte Jahrzehnt, haben gezeigt, daß dabei gesellschaftliche Kräfte eine enorme Rolle spielen können und müssen.

Wissenschaftler, Ärzte, Schriftsteller und Geschäftsleute haben bei der Überwindung des Kalten Krieges eine hervorragende Rolle gespielt. Dies vor allem beim Erkennen der realen Gefahren, bei der Schaffung des notwendigen geistigen und psychologischen Klimas, das die Voraussetzung für eine Politik der Entspannung, der Versöhnung, des Verzichts auf Konfrontation war.

Auch heute dürfen die gesellschaftlichen Kräfte keine geringere Rolle spielen. Deshalb wollen wir hier einen früheren Vorschlag wiederholen: Bei der UNO sollte ein weltweiter Rat der Weisen geschaffen werden. Er könnte aus Menschen bestehen, die nicht an staatliche Funktionen gebunden sind, die von ideologischen und anderen Vorurteilen frei sind. Menschen, die in der Lage sind, die neuen Erscheinungen der Weltentwicklung objektiv zu bewerten und aus ihren Erkenntnissen praktische Empfehlungen abzuleiten.

Vielleicht sollte man auch darüber nachdenken, ähnliche Räte oder analoge Foren als ständige Einrichtung in jeder großen Region, vielleicht auf jedem Kontinent, zu gründen. Die gigantische Welt der Wissenschaft und Kultur, mit ihrem unerschöpflichen Potential, ist in der Lage, das politische Denken wesentlich zu bereichern und Beschlüsse zu initiieren, die sowohl den regionalen und nationalen Interessen als auch den Interessen der gesamten Menschheit entsprechen.

Die Herausforderung der Vielfalt

Die Globalisierung ist, wenn wir sie perspektivisch sehen, nichts anderes, als der Entstehungsprozeß der Grundlagen einer neuen weltweiten Zivilisation als Ergebnis dessen (zumindest wenn wir nach den bisher vorliegenden Erfahrungen urteilen), daß die fortgeschrittensten Errungenschaften von Wissenschaft, Technik und Technologie sowie mehr oder weniger gemeinsame Prinzipien des wirtschaftlichen und gesellschaftlichen Lebens auf der ganzen Erde Verbreitung finden und die reale Interdependenz aller Staaten sich immer weiter vertieft.

Leider wird dieser Prozeß jedoch häufig als eine Art weltweite Vereinheitlichung des Lebens in allen seinen Erscheinungsformen betrachtet. Der Alltag der Menschen wird angeblich überall gleich sein. Ein Ausländer, der in ein afrikanisches oder lateinamerikanisches Land kommt, wird dort, vereinfacht gesagt, dieselben Hot dogs zu essen bekommen, dieselben James-Bond-Filme, dieselben Seifenopern sehen und dieselben Schlager hören können, die er von zu Hause kennt.

So wird und kann es nicht kommen. Es wird nicht geschehen, daß sich alle Länder und Völker in demselben Topf wiederfinden. Das Spezifische der Länder und Völker ist nicht auszutilgen. Es wird auch keine einförmige, primitive Mentalität entstehen, die die historisch entstandene Psyche, die Denkweise, die innerste Seele der Völker und Nationen ersetzt.

Hier drängen sich Worte von Michail Gefter, einem der größten russischen Historiker und Denker, auf: »Ich bin überzeugt, daß die Welt, die das 20. Jahrhundert in das 21. weiterreicht, nicht die Welt einer einförmigen Menschheit sein wird, der die vergangenen Jahrhunderte auf ihre Weise zustrebten, sondern eine Welt der Welten, die nebeneinander bestehen, zusammenarbeiten und allesamt daran interessiert sind, ihre lebensspendenden Unterschiede zu erhalten. Diese Unterschiede werden zum Sinn, zum Arbeitsgegenstand, wenn man so will, zum entscheidenden Faktor für das Überleben des Menschengeschlechts… Das ist neu. Das ist nicht erprobt. Aber… etwas anderes gibt es nicht.«

Ja, die Dialektik der Entstehung einer einheitlichen Welt, die zugleich zunehmend vielfältiger wird, ist einer der kompliziertesten, aber realen Forschungsgegenstände im Bereich der globalen Entwicklung. Das ist ein Phänomen, dessen Komplexität gerade in unserer Zeit auf neue Weise weiterwächst. Es wird zu einer realen Herausforderung unserer Zeit oder ist es bereits geworden.

Parallel zur Vertiefung der Globalisierung wächst die Zahl der selbständigen, unabhängigen Staaten. Immer mehr Völker wollen eine Bestätigung ihrer Selbständigkeit bis hin zur Gründung neuer Staaten – kleiner, schwächer, aber eigener. Diese widersprüchliche Entwicklung wird in der Regel damit erklärt, daß sich das Leben der Weltgemeinschaft demokratisiert, daß sich Staaten und Völker zunächst aus den Fesseln des Kolonialismus, danach aus sklavischer Abhängigkeit von anderen Staaten und schließlich vom Druck der Konfrontation und der Systemauseinandersetzung befreit haben, die jeglichen nationalen Hoffnungen und Bestrebungen enge Grenzen setzten. Die Völker suchen nach Selbstidentifikation und Selbständigkeit. Wird dieser Drang mit der Zeit abnehmen? Nein. Die Prognose (denken wir an den Weltkongreß der Geographen von 1992 in den USA) lautet: Die Zahl neuer unabhängiger Staaten wird auch weiterhin wachsen ...

Die grundlegende Untersuchung dieses zukunftsträchtigen Phänomens ist eine eigene Arbeit wert. Hier soll nur ein überaus wesentliches Moment hervorgehoben werden: Daß die Weltgemeinschaft als eine Summe von Nationalstaaten immer bunter und vielfältiger wird, ist ein Ergebnis, in gewisser Hinsicht sogar ein unvermeidliches Produkt des Globalisierungsprozesses. Das ist deshalb so, weil die Globalisierung einerseits die Annäherung, das Zusammenwirken und die wachsende Interdependenz der Staaten und Nationen bedingt, andererseits aber zum ständigen Vergleich der nationalen Erfahrungen der einzelnen Länder führt und damit sowohl ihre Ähnlichkeiten als auch ihre Unterschiede sichtbar macht. Besonders die Unterschiede treten deutlicher, plastischer, erkennbarer hervor. Jedes Subjekt dieses Austausches wird veranlaßt, den Erfahrungen der anderen etwas Nützliches für sich zu entnehmen, gleichzeitig aber auch seine eigenen zivilisatorischen Besonderheiten und Lebenswerte zu verteidigen. Die Interdependenz bedingt also zugleich ein gegenseitiges Anziehen und Abstoßen, sowohl einen wachsenden Zusammenhang als auch eine gewisse Abgrenzung. Deshalb kann es kaum verwundern, daß jede Nation und jedes Volk als Beteiligter und Akteur im Globalisierungsprozeß zum einen dessen Vorzüge zu nutzen versucht, zum anderen aber auch bestimmte Bedenken, ja sogar Ängste hegt.

Die Bewegung der Weltgemeinschaft hin zur Interdependenz fordert von allen beteiligten Seiten eine Korrektur ihres Verhaltens, eine Anpassung an die Gesetze beispielsweise des globalen Marktes, die Unterordnung unter bestimmte Imperative, die im Interesse der Menschheit liegen. Das bedeutet aber, daß die Existenzbedingungen der Menschen einem Wandel unterliegen. Menschen müssen gewohnte Traditionen und Handlungsweisen ändern, ihre Wertesysteme korrigieren. Das wird natürlich unterschiedlich aufgenommen. Manche finden sich im Strom des Neuen, in den Veränderungen zurecht. Andere glauben, sie seien in die Fänge fremder, gar feindlicher Kräfte geraten: Kräfte, die sie aus der gewohnten, in Jahrhunderten gewachsenen Umgebung reißen wollen; Kräfte, die sich anscheinend am Heiligsten vergreifen – der Identität der nationalen Gruppe, der Nation, des Landes. Das weckt instinktiven Widerstand gegen die Globalisierungsprozesse, genauer gesagt, ihre konkreten Erscheinungsformen; daher das Bestreben, vor den anrollenden Veränderungen in seiner traditionellen, nationalen, religiösen oder anderen Nische Schutz zu suchen.

In unserer Zeit führen derartige Reaktionen auf die Globalisierung im Verein mit dem seit Beendigung des Kalten Krieges wachsenden Streben der Völker, Nationen und nationalen Gruppen, ihre Rechte zu schützen, Ungerechtigkeiten oder Beschränkungen zu überwinden, die in der Vergangenheit in einzelnen Regionen vorkamen, zum Aufleben eines aggressiven Nationalismus, der sich in extremen Formen äußert.

Der Begriff des Nationalismus wird von den verschiedenen Völkern und Staaten unterschiedlich interpretiert. Nicht selten hat er durchaus positiven Inhalt, beschreibt das Streben, die Eigenständigkeit des jeweiligen Volkes oder Staates zu erhalten und zu festigen. Dagegen ist nichts einzuwenden.

Der heutige aggressive Nationalismus (den es übrigens auch in der Vergangenheit gegeben hat) verficht aber ganz andere Inhalte. Hier geht es um Spekulationen zutiefst antidemokratischer Kräfte, die die nationalen Gefühle auszunutzen versuchen, um Macht, Einfluß und Herrschaft (nicht nur über das eigene Volk) zu erringen, sich fern von den Idealen des Humanismus und des Friedens ihr eigenes »Paradies« zu schaffen. Ein Paradies, das für die Masse der Menschen zur Hölle werden kann.

Diese aggressiv nationalistischen Kräfte mißbrauchen die edlen Losungen des Schutzes der Rechte und der Souveränität ihres Volkes und schränken damit dessen Möglichkeit ein, seine Rechte und seine Souveränität tatsächlich voll wahrzunehmen. Denn unter den heutigen Bedingungen und mehr noch in der Zukunft wird dies nur in gemeinsamer internationaler Entwicklung, im friedlichen Zusammenwirken mit anderen Staaten möglich sein, das Feindschaft und Intoleranz ausschließt.

Wie dem auch sei, derartige Schutzreaktionen der Menschen auf die Globalisierung und die sich entfaltenden Integrationsprozesse müssen mit Verständnis gesehen werden. Nicht als Ablehnung des Fortschritts, sondern als das Bestreben, eigene legitime Interessen zu schützen. Diese Sicht muß natürlich auch in der Politik ihren Niederschlag finden.

Neben dem aggressiven Nationalismus haben die gegenwärtigen Prozesse eine weitere Erscheinung hervorgebracht, die ebenfalls erklärbar ist, aber zu äußerst ernsten Problemen führen kann. Sie kann mit dem aggressiven Nationalismus verschmelzen, aber auch durchaus »gutartig« sein (was sie allerdings nicht weniger gefährlich macht). Wir meinen den sogenannten Hyperethnismus, der bedeutet, historisch gewachsene Vielvölkerstaaten beseitigen und ethnisch reine staatliche Gebilde schaffen zu wollen.

An dieser Stelle sei zunächst hervorgehoben, daß das Recht der Völker auf Selbstbestimmung ein natürliches, von der internationalen Gemeinschaft anerkanntes Recht ist. Die Konvention über wirtschaftliche, soziale und kulturelle Rechte, die die UNO am 16. Dezember 1966 beschloß, legt bereits in Artikel 1 fest: »Alle Völker haben das Recht auf Selbsbestimmung. Auf Grund dieses Rechts bestimmen sie frei ihren politischen Status und betreiben frei ihre wirtschaftliche, soziale und kulturelle Entwicklung.«

Mit anderen Worten, das Recht der Völker auf Selbstbestimmung ist nichts anderes als das vom Neuen Denken vertretene Recht auf die freie Wahl des Entwicklungsweges. Wenn ein Volk seinen Wunsch eindeutig zum Ausdruck bringt, dieses Recht auf Selbsbestimmung zu nutzen, dann ist es zumindest unmoralisch, es daran zu hindern. Wenn ein Volk (eine Nation oder nationale Gruppe) dieses Recht in Anspruch nehmen will, hat es allerdings im eigenen Interesse vielfältige Umstände zu berücksichtigen, die man nur zum eigenen Schaden ignoriert.

Vor allem existieren in der Welt nur sehr wenige Staaten oder auch kleine administrative Einheiten, die ethnisch völlig homogen sind. Deshalb kann die Durchsetzung dieses Rechts auf Selbstbestimmung einer ethnischen Gemeinschaft sehr leicht die Beschneidung dieses Rechts für eine andere solche Gemeinschaft nach sich ziehen. Hier sind Konflikte vorprogrammiert, die sich aufs äußerste zuspitzen können.

In den Fällen, da die Durchsetzung dieses Rechts auf Selbstbestimmung zum Zerfall eines seit langem bestehenden multinationalen Staates führt, kommt auf dessen Erben bei der »Vermögensaufteilung« außer den ethnischen Fragen im engeren Sinne eine Unzahl von Problemen zu, deren Lösung nur in Ausnahmefällen schmerzfrei möglich ist. Zumeist sind diese geeignet, die Beziehungen zwischen den »scheidenden« Seiten auf Jahrzehnte hinaus zu verdüstern.

Das Ausscheiden aus gewachsenen staatlichen Strukturen und die Gründung neuer Staaten führt in der Regel unweigerlich zu wirtschaftlicher Instabilität. Die Lebensfähigkeit der neuen Organismen zu sichern ist keine einfache Aufgabe, denn sie werden aus organisch gewachsenen Wirtschaftskomplexen herausgerissen. Häufig geraten sie unter den Einfluß anderer größerer Staaten und werden deren leichte Beute.

Alle diese Überlegungen, die der historischen Erfahrung entnommen sind, haben sich in den letzten Jahren im ehemaligen Jugoslawien auf tragische Weise bestätigt. Dort sind alle negativen Folgen übereilter, wenig durchdachter und von einigen ausländischen Mächten bereitwillig unterstützter Entschlüsse eingetreten. Sie haben zu dem lang anhaltenden Krieg geführt, der den Völkern unermeßliche Opfer abverlangt hat.

Ein anderes Beispiel ist das Schicksal der Sowjetunion. Ihr Zerfall in fünfzehn unabhängige Staaten, der ebenfalls nicht nach einem durchdachten Plan ablief, hat eine Unzahl verschiedener negativer Folgen mit sich gebracht. In allen Fällen sind neue nationale Minderheiten entstanden (auf die dieser Terminus eigentlich kaum zutrifft, denn es handelt sich dabei um Millionen Menschen, deren Anteil an der Bevölkerung mit dem der Titularnation vergleichbar ist), hat man versucht, ethnische Säuberungen durchzuführen, wurden Menschenrechte verletzt. Bei diesen beiden Beispielen ist es aber nicht geblieben. Heute findet man kaum noch einen Teil der Welt, der von solchen Tendenzen des Hyperethnismus verschont geblieben wäre. (Man denke nur an China, Indien, die Türkei, Spanien, Kanada, Belgien u. a.) Und man mag sich kaum vorstellen, welches Chaos auf der Welt entstünde, wenn dieses Streben nach ethnischer (oder ethnisch-konfessioneller) Abgeschlossenheit, nach Abtrennung derartiger Minderheiten von den bestehenden staatlichen Strukturen in praktische Aktionen zur Veränderung unvorstellbar vieler bestehender Grenzen führte. Das wäre kein Weg nach vorwärts, sondern rückwärts. Das Ergebnis wäre keine bessere Organisation, sondern eine allgemeine Desorganisation der menschlichen Gemeinschaft.

Nach unserer Meinung ist der Ausweg aus dieser Situation die gut überlegte Anwendung des Föderationsprinzips im weitesten Sinne des Wortes. Dieses Prinzip ermöglicht es, die Rechte und Interessen einzelner Völker, Nationen und nationaler Gruppen zu gewährleisten, zugleich aber alle Vorzüge der bestehenden großen staatlichen Gebilde zu erhalten. Es kann kein Zweifel bestehen, daß z. B. die Erhaltung der Sowjetunion in Form einer erneuerten Föderation (selbst mit konföderativen Elementen) jedem Volk die Möglichkeit geboten hätte, seine Rechte wahrzunehmen. Zugleich wären alle Vorzüge dieses gewaltigen Wirtschafts-, Rechts-, Kultur- und Verteidigungsraumes erhalten geblieben, hätten die großen Schwierigkeiten und Verluste vermieden werden können, mit denen heute alle Subjekte der ehemaligen Union zu kämpfen haben. In bestimmten Fällen, wo es die Bedingungen erlauben, kann auch das Prinzip der national-kulturellen Autonomie einen positiven Effekt haben.

Mit anderen Worten, das Recht der Völker auf Selbstbestimmung ist unbestritten, darf aber nicht als absolutes Recht verstanden werden. Genauer gesagt, das Problem der Formen und Wege der Selbstbestimmung verdient größte Aufmerksamkeit, erfordert ein flexibles, umsichtiges und historisch begründetes Vorgehen. Hier taucht eine weitere Frage auf, auf die es noch keine generelle, allgemein anerkannte Antwort gibt: In welchem Verhältnis zueinander stehen die Menschenrechte, die die Weltgemeinschaft als universellen Wert anerkennt, die Rechte von Minderheiten, das Recht der Völker auf Selbstbestimmung und die Souveränität des Staates?

Nach unserer Meinung ist es angesichts der bereits entstandenen neuen Rechtsnormen, der Existenz von zwischenstaatlichen Vereinigungen verschiedenster Art, angesichts des Prozesses der Interdependenz und der wachsenden Vielfalt der Weltgemeinschaft dringend erforderlich, die heute verwendeten Begriffe wesentlich zu präzisieren. Natürlich kann dies nur auf kollektive Weise geschehen und muß die Anerkennung der gesamten Weltgemeinschaft finden.

Die gleichlaufende Entwicklung der Prozesse der Globalisierung und der zunehmenden Vielfalt der Weltgemeinschaft, ihre gegenseitige Abhängigkeit und Beeinflussung ist mithin eine Tatsache. Eine Tatsache, die zahlreiche höchst komplizierte Probleme hervorbringt. Nicht nur für die inneren Verhältnisse und das Schicksal der heute existierenden staatlichen Strukturen, sondern auch für die internationale Politik. Worum geht es dabei? Hier treffen verschiedene Standpunkte aufeinander. Einen vertritt Francis Fukuyama in seinem Buch »Das Ende der Geschichte«. Ausgehend von der im Westen weit verbreiteten Auffassung, im Kalten Krieg habe der Liberalismus einen vollen Sieg errungen, und die sozialistische Idee sei gescheitert, sagt Fukuyama den Siegeszug liberaler Werte und liberaler Mentalität in ihrer extremsten Form auf der ganzen Welt voraus. Das Vorbild dafür sind für ihn natürlich die Werte und die Mentalität der amerikanischen Gesellschaft.

Im Grunde genommen ist dies aber nichts anderes, als die offene und alternativlose Behauptung, alle Staaten und Völker müßten sich einem Modell unterwerfen, das das Monopol auf die Wahrheit besitzt. Das heißt, die gesamte Menschheit wird in den einen, den liberalen, Topf geworfen.

Die Geschichte kennt bereits einen Versuch, das Monopol auf die Wahrheit zu beanspruchen. Der ganzen Menschheit wurde vorausgesagt, sie werde den Sozialismus nach dem totalitären Modell der Sowjetunion errichten. Womit dieser Versuch endete, ist bekannt. Und es kann kein Zweifel bestehen, daß Francis Fukuyamas Anmaßung das gleiche Schicksal ereilen wird.

Im Grunde genommen lehnt auch die westliche Welt in ihrem heutigen Zustand ein einheitliches Modell, genauer gesagt, das amerikanische Modell ab. Jeder Staat der entwickelten westlichen Gesellschaft hat seine Formen und Methoden, nach denen er die liberalen Ideen realisiert, die Mechanismen der Marktwirtschaft und der pluralistischen Demokratie einsetzt. Allein das widerlegt Fukuyamas Prognose.

In seiner nächsten großen Arbeit »Das Vertrauen« hat er allerdings versucht, seine Thesen mit weiteren Argumenten zu begründen. Nach seinen Worten werden alle Staaten, die ihre nationalen Züge und Traditionen nicht aufgeben, mit dem »demokratischen Liberalismus« oder dem »Kapitalismus ohne Grenzen« keine »Ehe« oder zumindest »Verlobung« eingehen, im 21. Jahrhundert ein Schattendasein führen müssen.

Aber auch diese Konstruktion hält der Prüfung der Realität nicht stand. In Wirklichkeit hat eine ganze Reihe Länder, die in den Jahrzehnten seit dem Zweiten Weltkrieg überzeugende wirtschaftliche und kulturelle Erfolge erzielten, dies getan, indem sie sich den Forderungen der Modernisierung stellten, dabei aber ihre eigenen Traditionen und ihre Mentalität nutzten. Diese Staaten – Japan, die Republik Korea, Singapur u. a. – sind heute den alten Industriemächten, darunter den USA, bereits dicht auf den Fersen.

Was die Staaten Mittel- und Osteuropas einschließlich der ehemaligen Sowjetunion betrifft, so werden auch hier die Mechanismen der Marktwirtschaft und der pluralistischen Demokratie, ausgehend von der jeweiligen nationalen Besonderheit, in sehr unterschiedlichen Formen angewandt. Versuche, diesen Staaten fertige Modelle aufzudrängen, haben in eine Sackgasse geführt und den Prozeß der Reorganisation der Gesellschaft nur behindert. In Rußland stoßen derartige Versuche vor allem im kulturellen Bereich auf breite Ablehnung.

Eine andere Art von Prognose für die weitere Entwicklung unter den Bedingungen von Globalisierung und zugleich wachsender Vielfalt der Welt stellt Samuel Huntington. In seiner interessanten Arbeit »Der Kampf der Kulturen« (»The Clash of Civilizations«) stellt er die Hypothese auf, daß im 21. Jahrhundert Konflikte oder gar unversöhnliche Auseinandersetzungen zwischen den verschiedenen Kulturkreisen unvermeidbar seien. Er nimmt an, daß die Vielfalt der Kulturen zum Kampf jeder gegen jeden führen muß. Über diese Arbeit Huntingtons hat es bereits viele Diskussionen und kritische Äußerungen gegeben. Ohne frühere Überlegungen zu wiederholen, wollen wir aus der Sicht unseres Themas dazu folgendes sagen:

Zweifellos haben in der ganzen Geschichte der Menschheit bestimmte Widersprüche zwischen den einzelnen regionalen oder nationalen »Civilizations« existiert, ist es zu Konflikten zwischen ihnen gekommen. Diese kann man natürlich auch in Zukunft nicht ausschließen. Aber es ist kaum anzunehmen, daß sie gerade jetzt solch brisanten Charakter annehmen.

Heute spielen sich die schwersten und gefährlichsten Konflikte nicht zwischen diesen Kulturkreisen, sondern zumeist in ihrem Inneren ab. Das ist nicht verwunderlich. Die wachsende Vielfalt der Weltgemeinschaft führt dazu, daß sich auch im

Rahmen der regionalen Kulturen der Pluralismus verstärkt, neue Widersprüche zwischen deren einzelnen Teilen auftreten. Man denke nur an die Kollision zwischen einzelnen arabischen Staaten oder Strömungen in diesen Staaten selbst, an die blutigen Konflikte in Afrika oder die komplizierte Entwicklung in Südostasien. Ein anderer Umstand, den man nicht ignorieren sollte, besteht darin, daß die heutigen Konfliktsituationen, selbst wenn sie zwischen verschiedenen Kulturkreisen auftreten, nicht in erster Linie auf kulturelle Unterschiede und Widersprüche zurückzuführen sind, sondern vielmehr auf soziale Faktoren wie das ungeklärte Erbe der kolonialen Vergangenheit, die tiefer werdende Kluft im Entwicklungsniveau zwischen einzelnen Staaten oder Staatengruppen, die ungleiche Rechtslage von Immigranten (vor allem die rechtliche Stellung von Einwanderern aus Entwicklungsländern in industrialisierte Länder) usw. Was diesen sozialen Faktor betrifft, so kann er tatsächlich zum Auslöser vieler Konflikte im kommenden Jahrhundert werden. Die Unterschiede der »Civilizations« haben damit aber wenig zu tun. Weder die Hypothese von einer allgemeinen Angleichung an die Maßstäbe des Liberalismus noch vom unvermeidlichen Konflikt der Zivilisationen dürften also die künftige Entwicklung bestimmen. Bedeutet dies, daß die Dialektik von Globalisierung und Vielfalt oder die Herausforderung der Vielfalt an sich keine Komplikationen heraufbeschwören werden? Natürlich nicht! Diesen Komplikationen werden aber nach unserer Auffassung weniger objektive, als vielmehr subjektive Faktoren zugrunde liegen. Die objektiven Unterschiede werden dabei lediglich benutzt.

Wir meinen hier vor allem eine Politik, die die Unterschiede der regionalen Kulturen, die nationalen Interessen, die nationale Spezifik der Staaten und Völker ignoriert. Alle Varianten des Hegemonismus, jegliche Rückfälle in koloniale Ambitionen, Versuche, allen Staaten ein bestimmtes Modell aufzuzwingen oder gar die weltweite Führungsrolle einer einzelnen Macht durchzusetzen, laufen letzten Endes darauf hinaus, die nationalen Interessen einzelner Länder zu ignorieren (bisher stellen nur einige amerikanische Politiker globale Führungsansprüche, aber auch im regionalen Bereich gibt es derartige Ambitionen).

Die Schlußfolgerung aus dem Gesagten ergibt sich fast von selbst: Jede Politik, die demokratisch und human sein, den Interessen des eigenen Landes und der ganzen Welt entsprechen will, muß die Spezifik der regionalen Kulturen, die nationalen Interessen und Besonderheiten jedes Staates und jedes Volkes aufs sorgfältigste beachten.

Hier muß nicht bewiesen werden, daß die Interessen der Staaten und Völker unterschiedlich sind und nicht selten beträchtlich auseinandergehen. Das ist normal und natürlich. Hier muß das Prinzip des Neuen Denkens von der Suche nach Interessenausgleich den Weg weisen. Es zeigt die Grenzen der Möglichkeiten und der Bereitschaft der einzelnen Mitglieder der Weltgemeinschaft, in ihrer Politik diesen oder jenen Schritt zu gehen.

Ein wichtiger Aspekt dieses Problems ist die Auslegung der nationalen Interessen. Kann man behaupten, daß die nationalen Interessen eines Staates stets richtig definiert werden? Oje! Aus der Geschichte – auch der jüngsten Zeit – sind genügend Beispiele bekannt, daß die Interessen eines Staates bemüht wurden, um das Streben nach grenzenloser Hegemonie, nach Herrschaft über einzelne Regionen zu begründen, einen souveränen Staat oder eine ganze Staatengruppe zur »eigenen strategischen Interessensphäre« zu erklären. In solchen Fällen verlieren Politiker häufig jedes Maß.

Natürlich kann die Lage in einer bestimmten Region die Interessen eines benachbarten oder selbst weit entfernt liegenden Staates berühren. Er wird dann die Entwicklung gespannt verfolgen und Maßnahmen zum Schutze seiner Interessen einleiten. Dabei darf er jedoch auf keinen Fall die Souveränität anderer Staaten verletzen, die Interessen seiner Partner oder Nachbarn mit Füßen treten. In unserer Zeit ist auch das zuweilen auftretende Streben nach Selbstisolierung, nach einer Art wirtschaftlicher, politischer oder geistiger Autarkie auf eine falsche Auslegung eigener Interessen zurückzuführen. Denn in unserer interdependenten Welt können die Interessen jedes Staates, wie bereits gesagt, nur gewährleistet werden, wenn er die Vorzüge des breiten internationalen Kontakts für sich nutzt.

Im Grunde genommen endet jede über- oder untertriebene Auslegung, jede verzerrte Interpretation nationaler Interessen mit Mißerfolgen in der Innen- und Außenpolitik.

Hier ergibt sich natürlich die Frage, wer dabei den Richter spielen soll. Wer hat das Recht, darüber zu urteilen, ob nationale Interessen genau oder ungenau definiert werden? Der Richter kann hier nur das Volk des jeweiligen Landes mit seinem Verantwortungsbewußtsein und seiner Weisheit sein. Ein Volk kann man desorientieren und in die Irre führen. Aber früher oder später erkennt es seine wahren Lebensinteressen.

Der italienische Wissenschaftler und Politiker Sergio Romano formuliert in seinem Buch »Fabbrica della guerra« den tiefen Gedanken: Konflikte und Kriege entstanden in der Regel immer dann, wenn ein Staat oder mehrere Staaten ihre nationalen Interessen falsch interpretierten, darunter (meist sogar in erster Linie) die Interessen ihrer nationalen Sicherheit.

Heute ist eine derartige falsche Auslegung doppelt gefährlich. Denn in der interdependenten Welt löst ein Fehler, insbesondere wenn er von einer Großmacht ausgeht, eine riesige, wenn nicht sogar weltweite Reaktion aus, kann zu wesentlich gefährlicheren Krisen führen als in der Vergangenheit.

Die Herausforderung der globalen Probleme

Über die globalen Probleme ist viel gesprochen und geschrieben worden. Hier soll nicht wiederholt werden, was sie bedeuten, mit welchen Gefahren jedes dieser Probleme die Menschen bedroht. Uns geht es um etwas anderes – um den Umgang mit den globalen Problemen als einer der größten Herausforderungen der Menschheit an der Schwelle des 21. Jahrhunderts. Vor allem darum, welche Forderungen sie an die Weltpolitik stellen.

Als erstes wollen wir darauf aufmerksam machen, daß die globalen Probleme als eine Herausforderung unserer Zeit von anderer Qualität sind und eine andere Spezifik aufweisen, als die übrigen Herausforderungen, vor denen die Menschheit heute steht. Während eine zögerliche oder unsichere Reaktion auf die Herausforderung der Globalisierung oder die Herausforderung der Vielfalt die Lage in der Welt ernsthaft verschlechtern, vorhandene Schwierigkeiten verschärfen und neue hervorbringen kann, bedeutet das Hinauszögern oder gar Verweigern einer Reaktion auf die Herausforderung der globalen Probleme im Grunde genommen, daß die Menschheit sich selbst zum langsamen Absterben verurteilt.

Es gibt verschiedene Prognosen und Berechnungen darüber, in wieviel Jahren (oder Jahrzehnten) die Zuspitzung der globalen Probleme, beginnend mit der Umwelt, zu einer Katastrophe führen wird. Nicht alle Prognosen treffen ein, nicht alle Mechanismen, die der Evolution der globalen Probleme zugrunde liegen, sind bis zu Ende erforscht. Verschiedene Faktoren können die Entwicklung beeinflussen. Deshalb wollen wir unsererseits die vorhandenen Prognosen nicht wiederholen und auch keine neuen vorlegen. Aber eines ist klar: Die Menschheit hat nicht mehr Jahrhunderte, sondern höchstens noch Jahrzehnte zur Verfügung. Vielleicht drei, vielleicht fünf. Aber eben Jahrzehnte. Aus geschichtlicher Sicht ist das gar nichts. Aber für die Praxis, für Wissenschaft und Politik ist es durchaus nicht wenig. Vieles kann man in dieser Zeit noch durchdenken und unternehmen.

Die Debatte über die globalen Probleme, über die lebenswichtige Bedeutung ihrer Lösung (im Rahmen des Möglichen wenigstens einer Teillösung) ist jetzt in eine neue Etappe eingetreten. Diese weist außerordentlich positive und zweifellos auch negative Merkmale auf.

Positiv ist: In der Welt wächst das Bewußtsein, daß es für die Menschheit gefährlich ist, in der bisherigen Richtung weiterzugehen. Immer besser wird verstanden, daß – vor allem im Verhältnis des Menschen zur übrigen Natur – etwas unternommen werden muß, um die Situation zum Besseren zu wenden.

Die Wissenschaft ist über die Lage tief beunruhigt. Sie schlägt Alarm, fordert eine Erneuerung der Lebensgrundlagen des Menschengeschlechts, weist verschiedene Auswege aus der Sackgasse, in die die Menschheit mit ihrer verschwenderischen, zukunftsblinden Lebensweise geraten ist.

In der letzten Zeit konzentrieren sich die Wissenschaftler besonders auf die vom Menschen verursachten Klimaveränderungen auf der Erde, die bereits zu zahlreichen Katastrophen geführt haben. Sie suchen nach Wegen, der Menschheit die notwendigen, heute bereits versiegenden Ressourcen, darunter Nahrungsmittel, zu sichern.

Man könnte zahlreiche Arbeiten aufführen, die diesem Thema gewidmet sind. Aus der letzten Zeit muß das neue Buch von Alvin und Heidi Toffler »War and Anti-War« Erwähnung finden. Die Verfasser untersuchen den gesamten Komplex der Probleme der Weltgemeinschaft in engstem Zusammenhang mit der Evolution von Bevölkerung und Natur, die beide als Einheit betrachtet werden.

Erwähnenswert ist, daß auch die Geschäftswelt den globalen Problemen zunehmend Aufmerksamkeit schenkt. Viele große und nicht nur große Firmen sind aktiv darum bemüht, zuweilen durchaus mit Erfolg, die Energie- und Materialintensität ihrer Produktion zu senken, unternehmen bestimmte Schritte, um die Schädigung der Umwelt durch ihre Produktion zu verringern. Natürlich reichen diese bisher nicht aus. Außerdem bleiben sie in der Regel im traditionellen Rahmen, zielen auf die Vervollkommnung der technologischen Prozesse, die von vornherein nicht geeignet sind, die Lage grundlegend zu verbessern. Dieselben Firmen legen in Entwicklungsländern nicht selten ein uraltes Verhalten an den Tag, indem sie dort reichlich »schmutzige« Produktionen aufbauen. Trotzdem darf man bestimmte Veränderungen im Verhalten des Busineß nicht übersehen.

Das ist das Positive. Und das Negative? Das wichtigste Minus liegt darin, daß die Politik weit hinter der Wissenschaft zurückbleibt. Zwar hat es nach der Konferenz von Rio im Jahre 1992 einige weitere Weltkonferenzen zu globalen Problemen gegeben; eine Reihe seriöser Treffen von Ministern aus entwickelten und Entwicklungsländern zu dieser Thematik hat stattgefunden. Das Thema ist also nicht vergessen. Nur sind praktische Folgen all dieser und anderer Maßnahmen bisher nicht zu erkennen.

Wir können uns des Eindrucks nicht erwehren, daß wirtschaftlicher Egoismus, die Jagd nach Profit um jeden Preis, aber auch nationale Ambitionen (vor allem der entwickelten Länder) gegenüber humanistischer Solidarität oder auch nur der Sorge um die eigene Zukunft immer noch den Vorrang haben. Die Welt lebt weiterhin auf Kosten der künftigen Generationen. Eine Existenz auf Pump, mit dem Risiko, die Schulden niemals zurückzahlen zu können. Der Preis kann das Leben unserer Nachkommen, künftiger Generationen sein. Die Gesamtlage der Welt verschlechtert sich weiter. Dabei kann man nicht davon ausgehen, daß der Grund schlechter Wille sei. Es ist einfach nicht vorstellbar, daß jemand die Weltlage bewußt verschlechtert und die Katastrophe heraufbeschwört. Andererseits kann man auch nicht alles auf Schlamperei, Gedankenlosigkeit und Unvernunft zurückführen.

Die Wurzel des Übels liegt nach unserer Meinung im Paradigma unserer Entwicklung, in unserem Verständnis vom Fortschritt und seinen Triebkräften, das in langen Jahrhunderten entstanden und heute, am Ende des 20. Jahrhunderts, immer noch weit verbreitet ist.

Jahrhundertelang wurde der gesellschaftliche Prozeß faktisch mit einem ununterbrochenen technischen Fortschritt gleichgesetzt, der als Instrument zur Errichtung der angeblich notwendigen Herrschaft des Menschen über die Kräfte der Natur galt. Man sah im Menschen den Herrn über die Natur. Diese Einstellung hat dazu geführt, daß zum einen der Verbrauch der Güter der Natur (zumeist nicht regenerierbarer Ressourcen) ungehemmt anwuchs, während zum anderen die Biosphäre vergiftet und ausgezehrt wurde, bis sie ihr inneres

Gleichgewicht und die Fähigkeit verlor, sich selbst zu regenerieren.

Zudem wird Fortschritt weithin als ständige Steigerung des Verbrauchs, als grenzenlose Entwicklung der Bedürfnisse der Gesellschaft verstanden. Ein bedeutender und mit der Zeit unvernünftig großer Teil dieser Bedürfnisse wird künstlich erzeugt und ist ausschließlich dem Drang nach zusätzlichem Gewinn geschuldet. Der Verbrauch materieller Güter, das Konsumdenken, eine ungezügelte Verbrauchermanie gelten als Triebkraft der Entwicklung und Gradmesser des Fortschritts.

Im Grunde genommen läuft alles darauf hinaus, daß Profit und Geld zum einzigen »verläßlichen« Stimulus der Entwicklung der Gesellschaft werden. Dabei ignoriert man a priori solche für den Menschen und den wirklichen Fortschritt der Gesellschaft so wichtige Faktoren wie Bildung, Kultur und die moralische Entwicklung des Individuums. »Was man tun kann, wird in der Marktwirtschaft nicht getan, wenn es sich nicht rechnet«, folgert der französische Forscher Serge Latouche in seiner kürzlich erschienenen Arbeit »Megamachine«.

Ein weiteres relativ neues Merkmal, das den gegenwärtigen Zustand von Entwicklung und Fortschritt kennzeichnet, ist die äußerst ungleichmäßige Verteilung von Produktion und Verbrauch. Eine Handvoll entwickelter Länder, in denen etwa ein Viertel der Erdbevölkerung lebt, verfügt über mehr als 80 Prozent des Welteinkommens, die übrigen drei Viertel kaum über 19 Prozent. Etwa 45 Prozent der weltweiten Forschungs- und Entwicklungsleistungen werden in den industriell entwickelten Ländern erbracht. Der »Fortschritt« von heute bedeutet für die Masse der Bevölkerung unseres Planeten also bestenfalls Stagnation, meist aber Rückschritt.

Man kann diese Aufzählung fortsetzen. Aber auch das Gesagte reicht aus, um zu dem Schluß zu kommen, daß die heute verbreitete Auffassung des Fortschritts schädlich und gefährlich ist. Papst Johannes Paul II. schreibt über die für unsere Zivilisation typische Denk- und Verhaltensweise in seinem Buch »Die Schwelle der Hoffnung überschreiten«: »Es ist eine Zivilisation, die neben unbestreitbaren Erfolgen in vielen Bereichen auch sehr viele Fehler gemacht und mit dem Menschen Mißbrauch betrieben hat, indem sie ihn auf verschiedenste Weise ausgenutzt hat. Eine Zivilisation, die zu immer neuen politischen wie auch kulturellen Macht- und Gewaltstrukturen gelangt ist, um sie dann... an die gesamte Menschheit weiterzugeben, bzw. ihr ähnliche Fehler und Mißbräuche aufzuerlegen.«

Es ist dieses Verständnis vom Fortschritt und seinen Triebkräften, das seinerzeit die globalen Probleme hervorgebracht hat und sie heute weiter zuspitzt. Deshalb ist eine grundsätzliche Veränderung dieser Vorstellung von Fortschritt und Entwicklung dringend notwendig. Sonst werden wir nicht aus der Sackgasse herauskommen. Um eine solche Veränderung zu erreichen, ist vor allem ein anderes Denken gefragt. Ein Denken, das global, auf die Zukunft gerichtet und im wahrsten Sinne des Wortes humanistisch ist. Wir brauchen eine Revolution des Bewußtseins, die Lebensweise und Verhalten des modernen Menschen völlig umkrempelt, die die Entwicklung des Menschen als soziales Wesen mit den objektiven Grenzen der Natur in Einklang bringt.

Das aber ist ein äußerst kompliziertes Unterfangen.

Augenblickliche, eindimensionale Lösungen kann es dabei nicht geben. Bewußtseinsveränderung ist stets ein langwieriger Prozeß. In unserem Falle ist er um so schwieriger, als in diesem Stadium der Geschichte von der Menschheit gefordert wird, daß sie von gedankenloser Verschwendung zu Selbstbeschränkung findet. Zu einer vernünftigen Selbstbeschränkung, die ein Verbrauchsniveau aufrechterhält, wie es für die harmonische Entwicklung des Menschen notwendig ist. Das setzt jedoch voraus, daß Moral, kultureller Entwicklung und Bereicherung der geistigen Welt des Menschen wesentlich mehr Aufmerksamkeit gewidmet wird.

Diese Veränderungen im gesellschaftlichen Bewußtsein voranzutreiben ist Aufgabe der Politik. Einer Politik, die ein gesundes, nüchternes und sorgfältig durchdachtes Verhältnis zu all den genannten Problemen entwickelt.

Eine solche Politik muß vor allem die neuen Bedingungen voll berücksichtigen, die die Entwicklung der globalen Probleme heute beeinflussen und zu gewissen neuen Aspekten führen.

Dabei geht es, erstens, um die sich immer rascher vollziehende reale Globalisierung nicht nur aller natürlichen Lebensprozesse der Weltgemeinschaft, sondern auch aller ihrer negativen Seiten, insbesondere der Umweltzerstörung.

Zweitens vollziehen viele Staaten Asiens und Lateinamerikas eine »klassische« industrielle Entwicklung, die dazu beiträgt, daß alle globalen Probleme, insbesondere die Beeinträchtigung der Umwelt, sich weiter zuspitzen.

Drittens sind die Veränderungen in den Nachfolgestaaten der ehemaligen UdSSR sowie in den Ländern Mittel- und Osteuropas zu beachten. Dort wird heute den Problemen der Umwelt, der Einsparung von Ressourcen u. a. wesentlich weniger Aufmerksamkeit gewidmet, was zu einer allgemeinen Verschlechterung der Biosphäre führt, obwohl in einigen dieser Länder die Industrieproduktion zurückgegangen ist.

Viertens verschärfen sich seit dem Ende des Kalten Krieges

die wirtschaftlichen Widersprüche und die weltweite Konkurrenz, was die Voraussetzungen für die Lösung globaler Probleme wesentlich verschlechtert.

Fünftens haben die Kriege, die in letzter Zeit in einigen Regionen der Welt (im Persischen Golf, in Ex-Jugoslawien, in einigen Staaten Afrikas, in Sri Lanka u. a.) ausgebrochen sind, die Umwelt spürbar beeinträchtigt und auch zur Verschärfung aller anderen globalen Probleme beigetragen.

So kommt es, daß die Krisenerscheinungen in der Biosphäre sich beschleunigt entwickeln. Demgegenüber bleiben Maßnahmen zum Umweltschutz und zur Lösung der anderen globalen Probleme immer weiter zurück. Dadurch wachsen die Gefahren für die Menschheit. Die Politik steht vor der dringenden Aufgabe, ohne Zeitverlust einen ganzen Komplex von Maßnahmen zu entwickeln, um sie zu schützen.

Dabei hat die Politik auch einen anderen, häufig unterschätzten Umstand zu berücksichtigen: Alle globalen Probleme hängen eng zusammen und beeinflussen einander. Es handelt sich um ein System von Problemen.

Das Bevölkerungswachstum bedingt eine aktivere Nutzung der Naturreichtümer, einen größeren Verbrauch von Energie, Wasser u. a., was das Problem der generellen Lebenssicherung auf unserem Planeten und die ökologische Krise verschärft. Diese ihrerseits trägt im Verein mit dem Bevölkerungswachstum dazu bei, daß sich eine immer tiefere Kluft zwischen entwickelten und Entwicklungsländern, zwischen Nord und Süd auftut, die wiederum die Lösung der hier entstehenden akuten Widersprüche erschwert. Die Vertiefung der genannten Kluft ihrerseits schafft neue Hindernisse für die Regelung der Umwelt-, Energie- und anderer Probleme.

Die Weltpolitik steht also, anders gesagt, vor der Aufgabe,

den Systemcharakter der globalen Probleme zu erkennen und bei deren Lösung alle diese Zusammenhänge zu beachten. Bislang geschieht das nicht. Lediglich auf der Konferenz von Rio hat man die globalen Probleme in ihrer Gesamtheit betrachtet, dabei allerdings mit ganz unterschiedlicher Tiefe. Bei der Suche nach Antworten auf die Herausforderung der globalen Probleme muß komplex vorgegangen werden. Was natürlich nicht ausschließt, daß auf das eine oder andere, je nach seiner Bedeutung und Schärfe, besonders Gewicht gelegt wird.

Konkrete Ziele und Ansätze zur Lösung einzelner globaler Probleme sind durchaus vorhanden oder zumindest in Konturen zu erkennen. Das Neue Denken hat bis zum Zerfall der Sowjetunion viel dazu beigetragen. Diese Ideen sind – so meinen wir – im großen und ganzen noch heute gültig.

Das betrifft vor allem die Umweltfrage. Hier sei daran erinnert, daß auf dem »Globalen Forum über Umweltschutz und Entwicklung für das Überleben« im Januar 1990 Vorschläge unterbreitet wurden, die auf eine Ökologisierung der Politik hinausliefen. Sie sahen vor, in folgenden Bereichen aktiv zu werden:

- grundlegender ökologischer Umbau der Produktion;
- eine neue Sicht auf das Problem des Konsums, seine Rationalisierung;
- ein verändertes Vorgehen bei der Lösung vieler sozialer Aufgaben, die aus der Schädigung der Gesundheit durch die bereits erfolgte Verschlechterung der Umwelt herrühren;
- maximale Unterstützung für die Grundlagenforschung im Bereich der Biosphäre und ihres Ökosystems;
- Vermittlung ökologischer Kenntnisse vom Kindesalter an im gesamten Verlauf von Bildung und Erziehung, was ein neues, modernes Verhältnis zur Natur schafft.

Auf diesem Forum wurden auch einige Ideen und Vorschläge für eine internationale Umweltpolitik vorgetragen:

- Erarbeitung eines internationalen ökologischen Verhaltenskodex, einheitlicher und bindender Kriterien eines zivilisierten Umgangs mit der Natur für alle Staaten;
- Einführung eines völkerrechtlich begründeten Regimes zum Schutz einzigartiger Naturreservate, das für die ganze Erde gilt;
- Schaffung eines internationalen Mechanismus der technologischen Zusammenarbeit zum Schutz der Natur;
- Erarbeitung eines internationalen ökologischen Überwachungs- und Kontrollmechanismus;
- Durchsetzung des Rechts von Personen und Gruppen, an der Konzipierung der Umweltpolitik teilzuhaben;
- Aufbau eines Zentrums für schnelle ökologische Hilfe;
- Einschränkung der militärischen Aktivitäten, vor allem der Atomwaffenversuche, weil sie der Natur Schaden zufügen.

Wie man weiß, sind alle diese Vorschläge bisher unrealisiert geblieben. Und doch haben sie nichts an Bedeutung eingebüßt. In unserer Zeit werden sie eher noch aktueller.

Vor allem sei hier darauf hingewiesen, daß die Verschärfung der Umweltkrise immer größere Auswirkungen auf den Gesundheitszustand der Menschen zeigt, zu einer Ursache für dessen spürbare Verschlechterung wird. In den achtziger Jahren stellte die Weltgesundheitsorganisation fest, daß die Gesundheit des Menschen zu 20 Prozent von seinem Erbgut, zu 20 Prozent vom Zustand seiner Umwelt, zu 50 Prozent von seiner Lebensweise und zu 10 Prozent von der Medizin abhängt (letztere spielt eine große Rolle bei der Rettung Kranker, hat aber auf den Gesundheitszustand der Menschen bisher nur ungenügenden Einfluß). Gegenwärtig verändern sich diese Verhältnisse. Die Rolle des Faktors Umwelt wächst, er übt einen eigenen negativen Einfluß auf die Gesundheit des Menschen aus. Dadurch erhöht sich auch das Gewicht des genetischen Faktors, denn die Umweltkrise hat bereits genetische Veränderungen zur Folge. Die Rolle der übrigen Faktoren dagegen geht zurück.

Die russischen Wissenschaftler J. Gorski und W. Lawschuk haben Berechnungen angestellt, nach denen man im Jahre 2000 bei einer weiteren Zuspitzung der Umweltkrise in Rußland davon ausgehen kann, daß der Umweltfaktor die Gesundheit bis zu 40 Prozent, der Faktor Erbgut bis zu 30 Prozent, der Faktor Lebensweise dagegen nur zu 25 Prozent und die Medizin nur zu 5 Prozent beeinflussen werden. Damit ziehen ernste Gefahren für künftige Generationen der Bürger Rußlands herauf.

Die Lösung der Umweltfrage wird also immer mehr zu einem Problem der Rettung des Menschen und seines Erbgutes, zu einem Problem seines Überlebens.

Das hat die Teilnehmer der Konferenz von Rio 1992 zu dem Schluß geführt, daß eine neue Organisation, das Internationale Grüne Kreuz, gegründet werden muß. Dies geschah im Jahre 1993. Ihre Aufgabe besteht darin, ohne andere Umweltorganisationen zu ersetzen, einen Beitrag zu leisten, um weltweit Umweltbewußtsein zu fördern und Programme auszuarbeiten, wie die äußerst dringliche Aufgabe der Verbesserung und Rettung der natürlichen Lebenssphäre des Menschen gelöst werden kann. Das Internationale Grüne Kreuz läßt sich von dem Gedanken der nachhaltigen Entwicklung leiten, die dem Menschen, der Natur und künftigen Generationen keinen Schaden zufügt, einem Gedanken, der ursprünglich von der Brundtland-Kommission stammt.

Ein weiteres Problem, dessen Zuspitzung bereits zahlreiche

Vorschläge und Gedanken herausgefordert hat, ist das Bevölkerungswachstum.

Als man zum ersten Mal ernsthaft davon sprach, daß eine Umweltkatastrophe heraufzieht und die Belastung der Natur dringend verringert werden muß, stellte sich das Bevölkerungsproblem noch nicht in der heutigen Schärfe. Nunmehr hat es sich aber zu einer wirklichen Gefahr für die Zukunft entwickelt. Nach Meinung vieler seriöser Wissenschaftler kann gerade die Bevölkerungexplosion zum entscheidenden Auslöser einer Katastrophe werden.

Die Bevölkerung unserer Erde hat sich seit 1955 verdoppelt und beträgt heute etwa sechs Milliarden Menschen. Wenn das Wachstum nicht kontrolliert wird, kann diese Zahl 12,5 und nach einigen Berechnungen sogar 20 Milliarden erreichen. Jeder Kampf gegen die Armut wäre dann sinnlos, Hunger breitete sich aus, was zu einer beschleunigten Erschöpfung der Naturressourcen und zu schwersten politischen Erschütterungen führte.

Zuweilen wird behauptet, daß sich die Bevölkerungzahl Mitte des kommenden Jahrhunderts stabilisieren würde. Aber auf welcher Höhe wird das geschehen? Der UN-Bevölkerungsfonds hat ein Programm ausgearbeitet, nach dem die Bevölkerung bis zum Jahre 2050 7,8 Milliarden Menschen nicht überschreiten soll. Bei entsprechenden Anstrengungen könnte man so alle Erdenbewohner mit Nahrungsmitteln und anderen Ressourcen versorgen. Das wäre zwar sehr schwierig, aber nach den Aussagen der Fachleute möglich.

Das Bevölkerungsproblem hat bereits in der Vergangenheit tiefe Widersprüche zwischen den entwickelten und den Entwicklungsländern ausgelöst. Dieser Konflikt ist heute nach Angaben des bereits erwähnten UN-Bevölkerungsfonds im wesentlichen überwunden. Die Entwicklungsländer stimmen jetzt einer Beschränkung des Bevölkerungswachstums grundsätzlich zu, da dies die notwendige Voraussetzung für eine normale ökologische und soziale Entwicklung vor allem ihrer eigenen Gesellschaften ist.

Sicher wird es um diese Frage noch viel Streit geben, so z. B. um die Haltung der großen Weltreligionen. Das hat sich besonders auf der Weltbevölkerungskonferenz von Kairo im Jahre 1994 gezeigt.

Aber eine Alternative gibt es nicht; die Möglichkeiten der Erde sind begrenzt.

Es fällt außerordentlich schwer, hier konkrete und allgemeingültige Vorschläge zu formulieren, denn das Bevölkerungsproblem ist eine zutiefst nationale und zugleich – was nicht weniger wichtig ist – eine höchst delikate Frage. Jedes Land muß in voller Verantwortung für seine Zukunft selbst entscheiden, was es in diesem Bereich unternimmt.

Die weltweiten Erfahrungen zeigen allerdings ganz eindeutig, daß das unkontrollierte Bevölkerungswachstum sich in dem Maße reduziert, sogar zum Stillstand kommt und danach stabilisiert, wie das Lebensniveau steigt, wie Alltagskultur, Bildung und Gesundheitsbewußtsein sich entwickeln. Diese Aussage gilt für die gesamte Bevölkerung, vor allem aber für die Frauen.

Der Generaldirektor der UNESCO, Federico Mayor, hat bereits mehrfach Vorschläge für eine verbesserte Bildung und Gesundheitserziehung in den Entwicklungsländern vorgelegt. Die UNESCO realisiert auch bereits entsprechende Programme. Dies zu unterstützen und zugleich eigene Programme diese Art aufzulegen und durchzuführen – das können und müssen auch andere Staaten. Letzten Endes ist die wirtschaftliche Entwicklung der Staaten des sogenannten Südens von entscheidender Bedeutung. Dabei geht es um die Überwindung der gähnenden Kluft, die Nord und Süd voneinander trennt.

Das ist vor allem für den Süden von Bedeutung, aber auch für unseren ganzen Planeten, den Norden eingeschlossen. Denn wenn sich die Lage im Süden weiter so dramatisch verschlechtert wie bisher, dann werden keinerlei Bemühungen zur Verbesserung der Umwelt oder zur Verhütung gefährlicher Krankheiten Erfolg haben. Auch die Weltwirtschaft kann sich nicht normal weiterentwickeln, wenn die Probleme des Südens nicht gelöst werden.

Ein weiterer wichtiger Aspekt ist darin zu sehen, daß das Problem der Entwicklung des Südens heute kein quantitatives, sondern sozusagen ein qualitatives Problem ist. Man kann es auch nicht, wie das häufig versucht wird, allein mit technisch-wirtschaftlichen Mitteln lösen. Der Zustand, in dem sich der Süden heute befindet, ist ein Erbe der Kolonialzeit, als die natürliche Entwicklung dieser Länder gebremst wurde und sie keine Möglichkeit hatten, ihre eigenen Zivilisationssysteme zu entwickeln, ihre traditionellen Werte zu realisieren und zu vervollkommnen. Zugleich hat dieser Zustand aber auch aktuelle Ursachen. Nach wie vor werden die Staaten des Südens vom Norden ausgebeutet – in neuen Formen, mit neuen Methoden, aber nicht weniger intensiv. Häufig wird von der enormen Verschuldung des Südens gegenüber dem Norden gesprochen. Die horrende Schuldensumme liegt auf der Hand. Aber ist nicht der eigentliche Gläubiger der Süden und der Schuldner der Norden?

Der Ökonom und Soziologe Hafez Sabet hat in seiner Arbeit »Die Schuld des Nordens« die verschiedenen Aspekte des Nord-Süd-Verhältnisses eingehend untersucht und dabei folgende Rechnung aufgestellt: Wenn man alle Seiten des Problems in Betracht zieht, dann schuldet nicht der Süden dem Norden (genauer gesagt, dem Westen) 1,3 Billionen Dollar, sondern der Westen dem Süden vierzigmal mehr, nämlich etwa 50 Billionen Dollar. Diese Zahl wird von westlichen Wissenschaftlern bestritten. Aber selbst wenn sie überhöht ist, ändert das nichts am Wesen der Sache.

Vielleicht sind wir heute Zeugen eines Umbruchs der Entwicklung. Mit der Beseitigung der Kolonialreiche haben die Staaten des Südens die Chance erhalten, zu den Ursprüngen ihrer jahrhundertealten Zivilisationen zurückzukehren. Ihre erste Enttäuschung mußten sie erfahren, als sie versuchten, die westliche Zivilisation zu kopieren, ihre zweite, als sie der »sozialistischen Orientierung« folgten. Nun suchen die Staaten des Südens ihren eigenen Weg. Sie lassen viele verlorengegangenen Werte, Traditionen und Bräuche wiedererstehen, wobei sie das Interessanteste und ihnen Adäquate aus der weltweiten Erfahrung einbeziehen.

Natürlich ist dies ein widersprüchlicher, ungleichmäßig verlaufender Prozeß. Einige der früher rückständigen Länder Asiens und Lateinamerikas sind in relativ kurzer Zeit weit vorangestürmt und zählen heute zu den entwickelten Ländern (z. B. die asiatischen »kleinen Tiger«). Andere sind noch auf der Suche nach ihrem Weg des Fortschritts. Dabei beobachten wir auch unvermeidliche Überspitzungen und Entstellungen. Aber insgesamt ist dies eine gesunde Erscheinung, der man nur mit Respekt begegnen und die man nur unterstützen kann. Auf keinen Fall darf man in dieser neuen Selbstbestätigung des Südens eine feindselige Herausforderung sehen und versuchen, sich ihr zu widersetzen. Das wäre, ob man will oder nicht, eine Rückkehr zu den Dogmen der Kolonialzeit.

Die Lösung der mit der Entwicklung des Südens zusammenhängenden Probleme gewinnt somit ein neue Dimension und noch größeres Gewicht als in der Vergangenheit. Wieviel Verständnis dafür aufgebracht wird, wie ernsthaft man nach gegenseitig annehmbaren Lösungen sucht, hängt davon ab, ob die gegenwärtigen Widersprüche zu einer Gefahr für die ganze Welt werden, oder ob eine gemeinsame Entwicklung unterschiedlicher Zivilisationen daraus erwächst. Letzteres wäre der günstigste Kurs für einen reibungslosen Übergang der Menschheit ins 21. Jahrhundert.

Leider sind die entwickelten Länder bisher vorrangig damit befaßt, ihr eigenes Potential zu stärken, und zeigen kaum ernsthaftes Interesse daran, ihr Verhalten gegenüber dem Süden zu ändern. Zwar wurde auf dem Kopenhagener Sozialgipfel im März 1995 auf hohem und höchstem Niveau davon gesprochen, daß die Zeit reif sei, die Probleme des Südens zu lösen, Armut, Hunger und Krankheiten zu überwinden. Dort waren viele richtige Worte zu hören. Taten sind ihnen jedoch bislang nicht gefolgt.

Natürlich erweisen viele Staaten des Westens einzelnen Entwicklungsländern Hilfe. Auch die Europäische Union realisiert bestimmte Programme. Aber die zur Verfügung gestellten Mittel sind angesichts des Bedarfs der Entwicklungsländer ein Tropfen auf dem heißen Stein. Außerdem werden sie nicht immer effektiv eingesetzt. Die UNO empfiehlt, 0,7 Prozent des Bruttoinlandprodukts der entwickelten Länder für Entwicklungshilfe bereitzustellen. Bisher erfüllen lediglich Dänemark, Norwegen, Schweden und die Niederlande diese Auflage. Frankreich kommt mit 0,63 Prozent dieser Zahl nahe. Die USA dagegen wenden für diese Zwecke lediglich 0,15 Prozent ihres Bruttoinlandprodukts auf, Japan 0,26 Prozent und Deutschland 0,37 Prozent.

Viel wichtiger ist aber, daß aus den Staaten des Südens weiterhin riesige Mittel zur Schuldentilgung abgezogen werden, daß sie ihre Ressourcen verschleudern müssen und umweltschädliche Produktionen auf ihr Gebiet verlagert werden. Dadurch verkehrt sich in vielen Fällen die sogenannte Entwicklung des Südens zu einem weiteren Nachteil.

Der Club of Rome hat in seinem Bericht »Die globale Revolution« den einleuchtenden Gedanken dargelegt, daß das Schwergewicht der Hilfe (die häufig zu einem Mittel der Einflußnahme wird) auf gleichberechtigte Partnerschaft verlagert werden muß. Dieser Gedanke wurde bisher nicht realisiert, er verdient aber, unverzüglich in die Praxis umgesetzt zu werden.

Im Rahmen des Neuen Denkens wurde vor wenigen Jahren der Vorschlag geäußert, das Problem der Entwicklung im allgemeinen und des Nord-Süd-Verhältnisses im besonderen zu internationalisieren. Damit war beabsichtigt, daß die Weltgemeinschaft insgesamt sich dieses Problems als einer ständigen Aufgabe annehmen und Sonderprogramme zur Unterstützung der Länder ausarbeiten sollte, die sich bemühen, zum modernen Entwicklungsniveau aufzuschließen. Ein gewisser Schritt in dieser Richtung wurde in Rio getan, wo man die Absicht verkündete, auf diesem Gebiet koordiniert vorzugehen. Bei der Absicht ist es aber bisher geblieben.

Wenn man über die Möglichkeiten zur Lösung dieses Problems nachdenkt, drängt sich von selbst der Gedanke auf, daß die Entwicklungsländer die Chance haben, aus der Entwicklung der Weltgemeinschaft Lehren zu ziehen und den Weg einer nachhaltigen Entwicklung einzuschlagen. Das bedeutet, das Wachstum der Wirtschaft mit einer Ökologisierung der Produktion und der Lebensweise zu verbinden, Technologien und Produktionen aufzubauen, die auf dem geringsten Energie- und

Materialverbrauch beruhen, alternative Energiequellen, vor allem die Sonnenenergie, zu nutzen u. a. Darauf muß die Zusammenarbeit zwischen entwickelten und Entwicklungsländern vor allem ausgerichtet werden. Die Staaten des Nordens stehen vor der Aufgabe, dem Süden ihre Erfahrungen zu vermitteln, ihre technologischen und wissenschaftlichen Erkenntnisse zu übergeben. Dabei sollten sie bedenken, daß dies letzten Endes auch in ihrem eigenen Interesse liegt.

Es wäre wohl kaum realistisch und auch schädlich für die Interessen der Entwicklungsländer selbst, wollte man ihnen empfehlen, den Produktions- und Verbrauchsrekorden der entwickelten Länder nachzujagen. Das wäre kaum erreichbar, trüge aber zur Verschärfung aller bereits vorhandenen Probleme in der Welt bei, der Umweltbelastung zuallererst. Sofort zu postindustriellen Methoden überzugehen, vor allem den kulturellen und geistigen Bedürfnissen der Menschen, ihrer gesunden körperlichen Entwicklung die größte Aufmerksamkeit zu schenken, wäre sicherlich der optimale Weg.

Ein weiteres Problem: Die Weltgemeinschaft, die UNO, könnte den Ländern des Südens eine große Hilfe leisten, wenn es ihr gelänge, durch zielstrebiges Vorgehen die noch schwelenden alten Konfliktherde endgültig zu löschen und die Entstehung neuer – zwischen den Staaten und in ihrem Inneren – zu verhindern. Denn innere und äußere Konflikte tragen am meisten zur Ruinierung der Staaten des Südens bei. Oft richten sie mehr Schaden an als die schlimmsten Naturkatastrophen.

Wenn es gelingt, Konflikte zu beseitigen und zu verhüten – natürlich bei äußerst respektvollem Umgang mit den Entwicklungsländern, die, was ihre Interessen und ihre Würde betrifft, verständlicherweise äußerst sensibel reagieren – dann könnte man auch wesentlichen Einfluß darauf nehmen, wie diese Staaten die ihnen zur Verfügung stehenden Mittel einsetzen. Heute liegen ihre Rüstungsausgaben höher als die jährliche Entwicklungshilfe.

Die Herausforderung der globalen Probleme ist eine neue Erscheinung in der Geschichte der Menschheit. Zum ersten Mal seit Jahrtausenden kann sie an ihrem eigenen Fortschritt zugrunde gehen. Es liegt bei den Menschen selbst zu verhindern, daß es so weit kommt. Ervin László, einem der Begründer des Club of Rome, kann man nur zustimmen, wenn er erklärt: »Der vernunftbegabte Mensch ist nun an einen Punkt gelangt, da seine Existenz immer mehr von seinem eigenen Intellekt abhängt.«

Die Herausforderung einer Politik
der Stärke

»Eine Welt ohne Waffen und ohne Krieg« – so lautet die Losung, die Nikita Chruschtschow einst ausgab. Eine attraktive Lösung, in der das ewige Streben der größten Geister der Menschheit seinen Ausdruck findet. Aber sie ist bis heute nicht Wirklichkeit geworden. Wann dies geschehen wird, kann niemand sagen. Dabei wäre ihre Realisierung ein Segen für die Menschen, für die ganze Weltgemeinschaft.

Die Perestroika kam unter neuen Bedingungen auf dieses hochwichtige Thema zurück. Das Neue Denken näherte sich ihm unter zwei Gesichtspunkten: Zum einen wurde festgestellt, daß ein Atomkrieg ausgeschlossen werden muß, weil er die Menschheit ins Verderben stürzt, daß ein genereller Verzicht auf militärische Mittel zur Streitbeilegung, zur Konfliktlösung notwendig ist. Denn nunmehr kann selbst ein mit konventionellen Waffen geführter Krieg, in dem Atomkraftwerke, Anlagen der chemischen Industrie und andere Produktionsstätten zerstört werden, zu einer Katastrophe mit unabsehbaren Folgen führen. Zum anderen ging das Neue Denken von der einfachen Wahrheit aus, daß unter diesen Umständen rationale Ziele mit Waffengewalt nicht mehr erreichbar sind. Der einzig mögliche Weg schien zu sein, auf die Politik der Stärke zu verzichten, zu einer Welt ohne Atomwaffen und Gewalt zu kommen, wie es im November 1986 in der Deklaration von Delhi formuliert wurde.

Es gibt auch andere Standpunkte, die den Krieg als unausrottbares Übel ansehen, das tief in der menschlichen Natur verwurzelt sei. Ein Übel, von dem sich die Menschheit nicht befreien könne. Die Geschichte scheint diese These zu bestätigen. Man hat ausgerechnet, daß die Erde in Jahrtausenden nur wenige Jahre völlig frei von Kriegen war. Aber weshalb in die Ferne schweifen? Allein von 1945–1991 haben nach unterschiedlichen Berechnungen 150 bis 160 bewaffnete Konflikte stattgefunden. Sie haben 7,2 Millionen Soldaten das Leben gekostet. Die Opfer unter der Zivilbevölkerung, die Verwundeten und Kriegskrüppel nicht mitgerechnet... Von den etwa 2400 Wochen seit dem Jahre 1945 sind es lediglich drei, in denen nirgendwo Krieg tobte.

So war es. Und die Kette des Krieges reißt bis heute nicht ab. Heißt das aber, daß es so weitergehen wird und immer so sein muß? Diese Frage ist nicht einfach zu beantworten. Denn die Politik der Stärke, die Lösung von Problemen mit Waffengewalt ist uralte Tradition, sitzt tief im Bewußtsein der Menschen und Völker. Es ist nicht möglich, diese Tradition mit einem Schlage zu beenden. Und dennoch gibt es Hoffnung. Sie stützt sich auf durchaus reale Tatsachen, von denen auch das Neue Denken ausging.

Erstens setzt sich die Erkenntnis immer mehr durch, wie extrem zerstörerisch Kriege in unserer Zeit sind, vor allem, wenn Atomwaffen und andere Massenvernichtungsmittel zum Einsatz kommen. Schließlich fügen sie nicht nur dem Besiegten, sondern in nicht geringerem Maße auch dem Sieger unannehmbaren Schaden zu.

Zweitens ist die ideologische, politische und militärische

Spaltung der Welt in zwei einander gegenüberstehende Blöcke überwunden, die die Schreckensvision von einem atomaren Holocaust heraufbeschwor.

Zwar war, drittens, der Ausbruch zweier Weltkriege im 20. Jahrhundert in starkem Maße auf die Widersprüche und den Konkurrenzkampf zwischen den Großmächten zurückzuführen. Heute dürfte jedoch dieser Faktor kaum noch militärische Konflikte auslösen. Denn, wie gesagt, rationale Ziele sind mit Waffengewalt nicht mehr durchzusetzen. Ökonomische Widersprüche werden mit wirtschaftlichen und politischen Mitteln gelöst. Der Kampf geht weiter, aber als Wettstreit der Technologien, der Produktivität und der Konkurrenzfähigkeit.

Mit der Überwindung des Kolonialismus ist, viertens, auch der Kampf zwischen Metropolen und Kolonien als Quelle militärischer Konflikte Vergangenheit. Die Widersprüche zwischen den ehemaligen Mutterländern und ihren Kolonien bestehen weiter und haben nicht an Schärfe eingebüßt. Aber erstere setzen auch hier eher auf wirtschaftlichen und politischen Druck als auf Waffengewalt.

Fünftens hat die Menschheit in den letzten Jahrzehnten mehr und mehr Erfahrungen bei der friedlichen Lösung von Streitfragen und Konflikten gesammelt. Das ist ein steiniger Weg, aber es wächst die Erkenntnis, daß diese Erfahrungen verbreitet und konsequent genutzt werden müssen.

Das sind die Gründe, die uns Hoffnung geben, daß die Tradition der Gewalt überwunden werden kann. Das sind die Chancen. Aber nach wie vor ist es äußerst schwierig, sie Wirklichkeit werden zu lassen. Denn gerade heute, da sich die Weltordnung nach der Einstellung des Kalten Krieges im Übergang befindet, wirken nach wie vor auch Faktoren, die zu keinerlei Optimismus Anlaß geben.

Vor allem aber sei hier die Belebung des aggressiven Nationalismus, die Zuspitzung nationaler und ethnischer Konflikte erwähnt. Sie sind bisher im Inneren einzelner Staaten aufgeflammt, können sich aber über deren Grenzen ausdehnen und internationalen Charakter annehmen.

Nicht ausgeschlossen sind auch schwere soziale Konflikte, besonders in Entwicklungsländern wie Mexiko. John Galbraith schließt nicht aus, daß sie auch in entwickelten Ländern ausbrechen. Er verweist auf die Widersprüche zwischen dem Teil der Gesellschaft, der Arbeit hat und in materieller Sicherheit lebt, und den marginalen Schichten, den »Unterklassen«, wie sie Galbraith nennt. Auch diese Konflikte spielen sich innerhalb der Staaten ab, können aber internationale Komplikationen auslösen. Zuweilen stellen Staaten, darunter in Europa, einander territoriale Forderungen. Solche Unruheherde kommen vor allem unter Entwicklungsländern vor. (Erinnert sei z. B. an den Krieg zwischen Peru und Ecuador.)

Ein Teil der Politologen und Politiker geht davon aus, daß die angestauten Widersprüche zwischen Nord und Süd auch bewaffnete Konflikte auslösen können. Sie verweisen auf die Gefahr der Ausbreitung der Atomwaffen, besonders auf die Schwellenländer, die entweder bereits derartige Waffen besitzen oder in Kürze in der Lage sein werden, sie zu produzieren.

Ein weiterer wichtiger Faktor, der die Gefahr neuer Kriege anwachsen läßt, ist das anhaltende Wettrüsten im Süden. (Viele Staaten haben dort im Unterschied zu den entwickelten Ländern ihre Militärausgaben in den letzten Jahren nicht gesenkt, sondern erhöht. So steigerte z. B. der Iran seine Aufwendungen für militärische Zwecke von 1992–1995 nach SIPRI-Angaben um 42,5 Prozent, Pakistan um 19,5 Prozent und Saudi-Arabien um 12,92 Prozent.) Diese Ambitionen werden vom Norden stimuliert, der bestrebt ist, den Waffenhandel zu verstärken, sei es aus kommerziellem Interesse oder mit bestimmter politischer Absicht. Im übrigen wird auch in den entwickelten Ländern, allen voran den USA, an Waffenarten gearbeitet, die auf grundsätzlich neuen Wirkprinzipien (elektronische, psychische und andere Waffen) beruhen.

Zu einer Zeit, da die Menschheit dem 21. Jahrhundert entgegengeht, finden also nach wie vor Kriege statt, bleiben ihre Quellen erhalten, wird das Wettrüsten, das nach Beendigung des Ost-West-Konflikts zunächst etwas abgeflaut war, weiter fortgesetzt. Aber zugleich wachsen auch die Chancen, Kriege zu verhüten.

Die Herausforderung der Politik der Stärke, der Kriegsgefahr, bleibt also bestehen. Sie ist nach wie vor von lebenswichtiger Bedeutung.

Angesichts dessen gewinnt das Problem der allgemeinen Sicherheit, der Wege und Mittel, wie diese erreicht werden kann, wachsendes Gewicht. Die Lösungsvorschläge, die das Neue Denken vorlegte, sind nach wie vor von Bedeutung. Sie müssen allerdings entsprechend den bisherigen und künftigen Veränderungen weiterentwickelt werden. Nach unserer Auffassung können die Hauptaspekte der Sicherheit und ihrer Gewährleistung heute folgendermaßen umrissen werden:

Zum ersten ist Sicherheit unter den heutigen Bedingungen nur als gemeinsame Sicherheit vorstellbar. Denn beim heutigen Grad der Interdependenz der Staaten und Regionen berührt jeder Konflikt, wo er auch ausbrechen mag, eine Vielzahl verschiedener Interessen, beeinflußt Lage und Entwicklung gleichzeitig an vielen Punkten unserer Erde.

Zum zweiten behält der militärpolitische Aspekt der Sicherheit ungeachtet dessen, daß sich das Verhältnis der einzelnen

Faktoren der Stärke zueinander verändert hat und das Gewicht der technischen, wirtschaftlichen und wissenschaftlichen Komponenten gewachsen ist, nach wie vor seine Bedeutung. Damit bleibt es auch weiterhin notwendig, aktiv daran zu arbeiten, die Rüstungen der Staaten zu reduzieren, vor allem die Massenvernichtungsmittel, beginnend mit den Atomwaffen, zu liquidieren.

Zum dritten sind der wirtschaftliche, der ökologische und der soziale Aspekt zu höchst wichtigen Bestandteilen des Sicherheitsbegriffes geworden. Konflikte zu verhüten, die auf die Verschlechterung der Umwelt, auf klaffende Unterschiede im wirtschaftlichen Entwicklungsniveau oder auf nationale Widersprüche zurückgehen, ist für die Konsolidierung der Grundlagen des Friedens im globalen und regionalen Rahmen äußerst wichtig geworden.

Zum vierten wächst das Gewicht der Innenpolitik der Staaten bei der Erhaltung des Friedens, da die jüngste Zeit gezeigt hat, daß Konflikte nicht mehr, wie noch bis vor kurzem, vor allem zwischen Staaten ausbrechen, sondern häufig in ihrem Inneren entstehen. Das ist eine neue Situation. Die Verantwortung jedes einzelnen Staates für seine Innenpolitik ist um so größer, als die Weltgemeinschaft heute weder über die juristischen noch die politischen Mittel verfügt, um auf den innerstaatlichen Verantwortungsbereich der nationalen Regierungen wirksamen Einfluß zu nehmen. Von der bereits erwähnten notwendigen Steuerung der Entwicklung in der Welt sind wir noch weit entfernt. Die Lösung dieses Problems ist ein Schlüssel zur Gewährleistung der internationalen Sicherheit. Aus all dem ergibt sich, zum fünften, daß die Aufrechterhaltung der Stabilität in den Staaten und Regionen zu einer wichtigen Voraussetzung für die globale Sicherheit wird. Schritte, die der

Aufrechterhaltung der Stabilität dienen, sind die beste Garantie für die Gewährleistung der Sicherheit. Präventive Diplomatie, Organe, die entsprechende Maßnahmen durchführen können, gewinnen also größeres Gewicht. Dies sind in erster Linie die UNO und die mit ihr zusammenwirkenden regionalen Systeme für Sicherheit und Zusammenarbeit.

Zum sechsten, schließlich, ist unumstritten, daß die Gewährleistung der Sicherheit sowohl im engen klassischen Verständnis als auch aus der heutigen, weiteren Sicht kollektives Handeln der Staaten erfordert. Die Unteilbarkeit der Welt ist für jeden offensichtlich. Sowohl im regionalen als auch im globalen Rahmen kann es also nur noch um kollektive und kooperative Sicherheit gehen.

Hier können sicherlich nicht alle Seiten und aktuellen Aspekte eines so komplizierten Themas angesprochen werden. Aber die Hauptsache ist gesagt. Ausgehend davon kann man konkretere Vorstellungen entwickeln, was getan werden kann und muß, um weitere Störungen des Friedens zu verhindern und die Sicherheit auf der Erde zu stärken.

Vor allem muß noch viel unternommen werden, um eine völlige Beseitigung der atomaren Gefahr, genauer gesagt, der Gefahr eines militärischen Konflikts mit Atomwaffen zu erreichen. Denn die atomare Bedrohung ist ein direktes Ergebnis, der höchste Ausdruck des in Jahrhunderten gewachsenen Kultes der Gewalt. Könnte man diese Bedrohung beseitigen, wäre das ein harter Schlag gegen die Politik der Stärke generell, gegen die so weit verbreitete politische Mentalität der Gewalt.

Welche Schritte zu diesem Ziel gegangen werden müssen, ist im wesentlichen bekannt. Trotzdem wollen wir hier einige noch einmal nennen und zum Teil aufgrund jüngster Erfahrungen ergänzen:

- Die USA und Rußland müssen den realen Abbau ihrer Atomwaffen, der bereits begonnen hat, unbedingt fortsetzen.
  Ihnen müssen sich in nächster Zeit auch die übrigen Atommächte China, Großbritannien und Frankreich anschließen.
- Alle fünf Atommächte sollten ein besonderes Abkommen
  über Schritte zur Reduzierung und Beseitigung der Atomwaffen vereinbaren.
- Das 1996 in Kraft getretene vollständige Verbot der Atomwaffenversuche muß mit einer wesentlichen Verschärfung
  des Grundsatzes der Nichtweiterverbreitung dieser Waffen
  einhergehen. Bei Verletzung dieses Verbots sind harte Sanktionen der UNO vorzusehen.
- Wichtig wäre, unter UNO-Kontrolle und bei Mitarbeit der
  internationalen Atomenergieorganisation (IAEO) ein welt-
  weites, wirksames Beobachtungssystem aufzubauen, das jegliche Versuche auf der Erde, in der Luft oder im Weltraum
  registriert, die Atomenergie zu militärischen Zwecken einzusetzen.

Weiterhin ist es notwendig, die reale Verwirklichung der bereits
geschlossenen Abkommen über das Verbot und die Vernichtung chemischer und bakteriologischer (biologischer) Waffen unter strenger internationaler Kontrolle energisch voranzutreiben. Bislang können diese Abkommen bei weitem noch
nicht als realisiert gelten. Außerdem ist es, wie das Beispiel Irak
gezeigt hat, durchaus möglich, diese Abkommen zu verletzen,
d. h., Massenvernichtungswaffen können produziert und sogar
ihr Einsatz versucht werden. Strikte Kontrolle und Sanktionen
bleiben auch in diesem Falle sehr wichtig.

Ein besonderes Problem sind die konventionellen Waffen. Es
hat verschiedene Seiten.

Vor allem sei hervorgehoben, daß der Begriff der konventionellen Waffen total veraltet ist. Die neuen modernen Arten dieser Waffen haben Eigenschaften, die sie mit Massenvernichtungsmitteln vergleichbar machen (von denen sie sich lediglich in der Flächenwirkung unterscheiden). Es werden auch Typen entwickelt, die die amerikanische Militärterminologie als »non-lethal weapons« (nichttödliche Waffen) bezeichnet. Einige, die z. B. die Fernmelde- und Informationstechnik des Gegners stören oder außer Betrieb setzen, die schäumende Substanzen produzieren, welche die Bewegung von Militärtechnik unmöglich machen, elektronische und elektromagnetische Mittel, die die Energieversorgung oder die Fernmeldeverbindungen beeinträchtigen, kann man wirklich als solche bezeichnen. Andere wiederum fügen der Gesundheit der Menschen schwere Schäden zu und setzen sie damit außer Gefecht. Aus diesen Gründen muß das Problem der konventionellen Waffen auf neue Weise angepackt werden. Es wäre sicher zweckmäßig, weltweit eine Diskussion über die Grenzen der qualitativen Vervollkommnung der konventionellen Waffen in Gang zu bringen, wie schwierig ein solches Unterfangen auch sein mag.

In Europa gilt der Vertrag über die Reduzierung von Truppen und Rüstungen. Seine Realisierung hat bei allen Schwierigkeiten sehr positive Erfahrungen gebracht. Wenn es gelänge, ihn auf andere Regionen oder gar Kontinente auszudehnen, wäre das nur zu begrüßen.

Dort, wo benachbarte Staaten dem zustimmen, wäre es zweckmäßig, Zonen verdünnter oder minimaler Rüstungen zu schaffen, selbst wenn sie anfangs relativ klein sind. Länder, die diesen Weg eingeschlagen haben, gibt es bereits. Denken wir nur an Neuseeland oder Costa Rica. Sie kommen hervorragend ohne Superrüstung aus und haben lediglich ein Minimum an Vernichtungsmitteln behalten. Ihr Beispiel sei anderen zum Studium und zur Nachahmung empfohlen. Ein schwerwiegendes Problem ist der Waffenexport, vor allem in die Entwicklungsländer. Er bringt den Produzenten und auch den betreffenden Staaten märchenhafte Gewinne. Natürlich fällt es schwer, auf derartige Geschäfte zu verzichten. Aber gerade der Waffenexport erhöht die Gefahr neuer Konflikte, ermuntert Extremisten jeglicher Couleur, darunter den internationalen Terrorismus.

Für die Zukunft wäre es wichtig, den Rüstungsexport völlig einzustellen oder zumindest auf ein international vertraglich vereinbartes Niveau zu senken. Was den Waffenexport in Konfliktregionen betrifft, so muß er unverzüglich gestoppt werden. Illegalen Waffenexport in derartige Gebiete sollte man mit internationalem Terrorismus und Drogenhandel gleichsetzen. Angesichts der politischen Tendenzen und der Situation, die in jüngster Zeit entstanden ist, wäre es durchaus möglich, ein institutionalisiertes Zusammenwirken der Geheimdienste der ständigen Mitglieder des Sicherheitsrates (und langfristig weiterer demokratischer Staaten) zur Abwehr von Staatsterrorismus, Drogenhandel und illegalen Waffengeschäften zu erreichen.

Die Rüstungskonzerne werden derartigen Maßnahmen natürlich nicht zustimmen. Aber die Weltgemeinschaft sollte in der Lage sein, eine solche Reife zu erreichen, da die Konversion, die Umstellung eines bedeutenden (und später des überwiegenden) Teils der Rüstungsindustrie auf zivile Produktion weltweit zumindest als Zukunftsaufgabe gestellt werden kann. Die Menschheit darf nicht bis an die Zähne bewaffnet ins 21. Jahrhundert gehen. Sie muß sich auf ein Leben in Frieden vorbereiten und die freiwerdenden Mittel einsetzen, um auf solche Herausforderungen unserer Zeit wie z. B. die Umwelt oder die Versorgung mit Energie und Lebensmitteln die notwendigen Antworten zu geben.

Ausgehend von einer unvoreingenommenen Analyse der Erfahrungen, die im Nahen Osten, in Afrika, in Südostasien, in Ex-Jugoslawien und im Kaukasus gesammelt wurden, sollten bei der UNO und bei den regionalen Organen für Sicherheit und Zusammenarbeit Sonderorgane geschaffen werden, die das Recht haben, regionale Konflikte vorwiegend mit politischen, aber, wenn notwendig, auch mit wirtschaftlichen und militärischen Mitteln zu verhüten, präventive Diplomatie zu betreiben, zu regeln und zu beenden.

Eine wichtige Aufgabe nicht nur der Zukunft, sondern bereits der Gegenwart sind nach unserer Auffassung Verständigung und friedliche Zusammenarbeit in Regionen, wo verschiedene Kulturen aufeinandertreffen, wie z. B. auf dem Balkan, im Mittelmeerraum oder im Nahen Osten. Hier ist es in Vergangenheit und Gegenwart immer wieder zu Konflikten gekommen. Man kann sie auch in Zukunft nicht ausschließen. Hier sind besondere Anstrengungen Europas und der Weltgemeinschaft, besondere Sensibilität und aktive präventive Diplomatie geboten. Auf lange Sicht sind energische Anstrengungen notwendig, um eine allseitige friedliche Zusammenarbeit der Staaten und Völker unterschiedlicher kultureller Herkunft in diesen Regionen zu entwickeln.

All dies sind nach unserer Meinung notwendige Schritte, mit deren Hilfe das Schwergewicht von gewaltsamen Mitteln der Politik auf friedliche, zivilisierte verlagert werden könnte. Bisher sind derartige Bestrebungen aber leider nicht festzustellen. Wir beobachten, daß sich erneut ein Klima ausbreitet, das besser der Vergangenheit angehören sollte.

Über diese Entwicklung zutiefst beunruhigt, haben die Internationale Stiftung für sozialpolitische und politologische Studien in Moskau, die Rajiv-Gandhi-Stiftung in Neu Delhi und die Gorbatschow-Stiftung in San Francisco (USA) gemeinsam ein Programm der globalen Sicherheit ausgearbeitet und zur allgemeinen Erörterung vorgelegt.

Dieses Programm besteht aus vier Teilen: Atomare Abrüstung; Reduzierung der konventionellen Waffen unter zuverlässiger Kontrolle; Stärkung regionaler Sicherheitsstrukturen; Prävention und Regelung von Konflikten (bei Beteiligung besonderer Gruppen der Öffentlichkeit, einer Kommission der UNO-Vollversammlung und eines Korps politischer Beobachter und Vermittler, dessen Aufbau vorgeschlagen wird, sowie eines Instituts zur Konfliktforschung und -verhütung). Das Programm ist dem UNO-Generalsekretär zugeleitet worden.

Ein besonderes Thema, das in diesem Kapitel unbedingt behandelt werden muß, ist die Sicherheit in Europa. Wir müssen sicher niemandem erklären, wie wichtig der Frieden auf diesem Kontinent für die globale Sicherheit ist. Dazu braucht man nur einen Blick in die Geschichte zu werfen. Die gegenwärtige Situation gibt nicht gerade zur Beruhigung Anlaß.

Es ist erst wenige Jahre her, da Europa vor einer dramatischen Entscheidung stand: Sollte es weiter dem verhängnisvollen Kurs der Konfrontation folgen oder das Steuer herumreißen und neue, gutnachbarliche, partnerschaftliche Beziehungen zwischen den Staaten des Kontinents anstreben? Diese Entscheidung wurde gemeinsam gefällt. Es kam zu einer historischen Wende. Es schien, als habe das Gipfeltreffen vom November 1990 in Paris die Grundlagen für neue Beziehungen, für eine neue europäische Politik gelegt und deren wichtigste Prinzipien formuliert.

Heute steht Europa wieder vor einer Entscheidung: Soll es am Kurs von Paris festhalten oder sich erneut in die regionalen, vielleicht sogar die nationalen Quartiere zurückziehen? Soll es in frühere Zustände der Zersplitterung zurückfallen? Mit anderen Worten, wird Europa zu einem wahrhaft großen Kontinent, dessen Interessen sich immer stärker integrieren, oder zerfällt es erneut in mehrere Kleineuropas, die kaum Verbindung zueinander halten oder sogar miteinander verfeindet sind?

Ja, in den letzten Jahren seit Beendigung der Konfrontation hat sich in Europa vieles verändert. Eine bedeutsame Evolution ist in seiner politischen Geographie, in den verschiedenen Regionen vor sich gegangen. Aber nach unserer Meinung heben diese Veränderungen die Aktualität der in Paris festgelegten Prinzipien nicht auf.

Funktionieren diese aber? Offenbar nicht. Oder äußerst ungenügend. Denn auf europäischem Boden wüten heute Konflikte (in Ex-Jugoslawien, im Kaukasus). Eine neue Spaltung des Kontinents droht. Sie ist in erster Linie auf den Plan zurückzuführen, den Wirkungsbereich der NATO nach Osten auszudehnen, was in einigen Staaten des Kontinents zu einer erneuten Aktivierung der Rüstungsanstrengungen führen wird.

Dabei fordern die Grundsätze von Paris, auf dem ganzen Kontinent zusammenzuarbeiten, die vorhandenen Mechanismen einer gesamteuropäischen Politik zu vervollkommnen und neue zu entwickeln.

Europa besitzt eine gesamteuropäische Organisation – die Organisation für Sicherheit und Zusammenarbeit OSZE, die die 1975 in Helsinki begonnene Sache fortsetzt. Bislang hat sie es nicht vermocht, sich auf die Bedürfnisse des Kontinents und auf die neue Situation einzustellen, in der sie sich heute befindet. Die Dokumente, die sie beschlossen hat, enthalten viel Nützliches. Manches davon wird ignoriert, anderes kann einfach nicht durchgesetzt werden, weil die OSZE nicht über die dafür notwendigen Organe verfügt.

Es besteht kein Zweifel, daß die OSZE weiter institutionalisiert werden muß. Vor allem sollte sie einen Sicherheitsrat einrichten. Für diesen Gedanken setzen wir uns bereits seit vielen Jahren ein. Wir meinen damit ein Organ, das sich tatsächlich damit befaßt, Konflikte zu verhüten und zu beseitigen, sollten sie dennoch ausbrechen. Wie dieser Rat gebildet und mit welchen Funktionen er ausgestattet werden soll, ist Sache aller OSZE-Staaten. Aber ein solches Organ muß es geben. Als gesamteuropäische Institution, die mit dem UNO-Sicherheitsrat eng verbunden ist.

Solange es sie nicht gibt, versucht die NATO sich ihre Funktionen anzueignen. Dazu ist sie jedoch angesichts der Ziele und Aufgaben, für die sie geschaffen wurde, nicht in der Lage. Zwar gehen auch in der NATO, wie bereits erwähnt, gewisse Veränderungen vor. Sie hat einen Kooperationsrat gebildet, an dem die Mehrzahl der europäischen Staaten beteiligt sind. Die Berliner NATO-Ratstagung hat große Aufmerksamkeit darauf verwandt, die Rolle der europäischen Staaten in ihren Strukturen zu stärken. Die Funktionen der NATO werden nach und nach politisiert. Aber dieser Transformationsprozeß ist bei weitem noch nicht abgeschlossen. Wenn sie sich entprechend den neuen Bedingungen weiter verändert, kann die NATO bestimmte nützliche Funktionen in Europa erfüllen. Jedoch nicht, wenn sie sich der OSZE entgegenstellt und gegen die gesamteuropäische Zusammenarbeit, in welcher Form auch immer, agiert.

Kurz gesagt, Frieden und Sicherheit in Europa erfordern neue Anstrengungen. Bislang sind diese in der europäischen Politik nicht oder nicht ausreichend zu erkennen. Aber:
– Die friedliche Zukunft Europas kann nur eine gemeinsame
  Zukunft sein, oder es wird sie nicht geben.

- Eine gemeinsame Zukunft und gemeinsame Sicherheit des Kontinents erfordern vor allem eine tiefgreifende, weit verzweigte gesamteuropäische Zusammenarbeit in allen wichtigen Lebensbereichen.
- Diese Zusammenarbeit hat eine solide Grundlage – die gemeinsamen Wurzeln der europäischen Kultur, die gemeinsame Geschichte und das starke gemeinsame Interesse an Frieden und Stabilität jedes europäischen Staates und aller zusammengenommen.

Die Herausforderung
der Demokratie

Als George Orwell den Lesern sein Buch »1984« vorlegte, war dies wie eine Prophezeiung, daß die achtziger Jahre des 20. Jahrhunderts eine Enthumanisierung der Gesellschaft, eine Verstärkung autoritärer oder gar totalitärer Tendenzen in der Welt bringen könnten. Mit seiner negativen Utopie zeichnete er das Schreckensbild einer unmenschlichen, repressiven Ordnung. Aber er hat sich geirrt.

Gerade in den achtziger Jahren zeigte sich eine starke Tendenz zur Demokratisierung der Innenpolitik vieler Staaten und des internationalen Austauschs. Der Herrschaftsbereich totalitärer Regime schrumpfte stark. Eine entscheidende Rolle spielten dabei die Perestroika in der UdSSR sowie die Wende in den Staaten Mittel- und Osteuropas. Alle diese ihrem Wesen nach revolutionären Veränderungen trugen dazu bei, daß die demokratischen Werte zu einem aktiven Faktor der gegenseitigen Verständigung und Anziehung der meisten Staaten und Völker wurden.

Bisher kann man allerdings nicht sagen, daß die Überwindung des Totalitarismus in der UdSSR zu einer wirklichen Demokratisierung der Gesellschaft in Rußland und in den anderen Nachfolgestaaten der Union geführt hätte. Die Perestroika hat ihnen die Freiheit der Entscheidung gebracht, sie haben sich aber durchaus noch nicht für wahrhafte Freiheit entschieden.

Das heute in Rußland herrschende Regime kann nur zum Teil als wirklich demokratisch bezeichnet werden. Die der Demokratie eigenen Formen und Institutionen sind vorhanden, der Inhalt, mit dem man sie füllt, ist aber stark autoritär geprägt. Außerdem existieren in Rußland und in den anderen GUS-Staaten weiterhin Kräfte, die zur totalitären Vergangenheit zurückkehren möchten (obwohl eine vollständige Rückkehr heute für niemanden mehr möglich ist).

Dabei ist es für Rußland selbst und auch für die übrige Welt außerordentlich wichtig, daß dieses große Land die Grundlagen einer wahrhaften Demokratie vertieft und erweitert. Man kann ohne Übertreibung sagen, daß die künftige Entwicklung Europas und der Weltgemeinschaft davon in bedeutendem Maße abhängt.

Zeitgleich mit der Welle der Demokratisierung und der antiautoritären Revolutionen zeigt sich jedoch in den meisten westlichen Ländern, wo bereits seit Jahrzehnten, wenn nicht Jahrhunderten demokratische Bedingungen herrschen, eine schwere Krise der dort bestehenden Formen des politischen Lebens. Ein Paradox? Nein, ganz im Gegenteil! Auch diese Krise ist im Grunde genommen Ergebnis und Beweis für den weltweiten Trend zur Demokratisierung.

Die im Westen in den vergangenen Jahrhunderten (vor allem im 19. Jahrhundert) entstandenen traditionellen politischen Systeme, die auf parlamentarische Demokratie und politischem Pluralismus beruhen, in denen zahlreiche politische Parteien und Organisationen funktionieren, sind in sichtbaren Widerspruch zu der in Erneuerung begriffenen Gesellschaft geraten. Der demokratische Charakter dieser Systeme, der (insbesondere in den frühen Entwicklungsetappen) immer begrenzt war, hat sich unter den neuen Bedingungen sichtbar erschöpft.

Die Zivilgesellschaft in den Staaten des Westens ist erwachsen geworden. Eine faktisch durchgängige Alphabetisierung, ein hohes professionelles Niveau in allen Bereichen, die wachsende Zahl von Personen, die in Produktion und Dienstleistungen mit geistiger Arbeit befaßt sind, all das führt ganz natürlich dazu, daß die Menschen ihre Rechte umfassender durchsetzen, aktiver an der Entscheidung über Probleme der Gesellschaft teilhaben wollen und nach Selbstverwaltung streben.

Die moderne Gesellschaft lehnt den bürokratischen Zentralismus der politischen Systeme mit ihrem undurchschaubaren Gestrüpp von Formalitäten und Bestimmungen, mit ihrer Bestechlichkeit mehr und mehr ab. Die politischen Parteien, die sich als Vertreter bestimmter Schichten oder Kreise der Gesellschaft anbieten, sind in Wirklichkeit zu gehorsamen Werkzeugen gewisser Eliten geworden, vertreten nicht mehr die Interessen ihrer Wähler und verlieren deshalb an Rückhalt. Die Wahlsysteme garantieren nicht mehr, daß in den Machtorganen tatsächlich die Meinung der Mehrheit vertreten wird. Da immer weniger Menschen zur Wahl gehen, die Wählerstimmen sich aufsplitten, sind viele Parteien nicht in der Lage, aufgestellte quantitative Hürden zu überspringen und in die Parlamente einzuziehen. Diese vertreten nicht mehr die Mehrheit der Bevölkerung. Das gleiche trifft auch auf die höchsten Repräsentanten zu, ob sie sich nun Präsidenten oder anders nennen. Das undemokratische Wesen der heutigen politischen Systeme kommt besonders deutlich darin zum Ausdruck, daß die Machtorgane den sozialen Problemen bei weitem nicht die nötige Aufmerksamkeit schenken – und dies auch in den Staaten, die rein äußerlich durchaus einen demokratischen Eindruck machen. Besonders betrifft dies die Probleme der Schichten, die an den Rand der Gesellschaft gedrängt werden. Das sind ältere Menschen, Arbeitslose, Arme, Menschen ohne Obdach. Sie werden nicht mehr gebraucht, und ihre Zahl wächst. Man behandelt sie wie Parias, denen die Gesellschaft ihre Fürsorge verweigert.

Nicht zufällig werden (auch in Rußland) immer heißere Debatten um die soziale Rolle des Staates geführt. Der klassische Liberalismus, der mit der Forderung auftritt, den Staat von den Sozialausgaben zu entlasten, bedeutet in der Praxis nichts anderes, als daß der Staat die Sorge für die nichtvermögenden Schichten der Gesellschaft von sich weist. Was sich hier artikuliert, sind eindeutig historisch überlebte Vorstellungen von Demokratie. Aber sie werden hartnäckig verbreitet und in vielen Fällen auch angewandt. Rußland ist da keine Ausnahme.

Die Wellen der sozialen Unzufriedenheit veranlassen allerdings auch Staaten, die einen absoluten Liberalismus propagieren, sich mit den sozialen Problemen eingehender zu befassen und ihre Politik entsprechend zu korrigieren.

Zu all dem kommt die bereits erwähnte Unfähigkeit der heutigen politischen Systeme, die Probleme der Nationen und nationalen Minderheiten optimal zu lösen. Hier zeigt sich der undemokratische Charakter der gegenwärtigen Ordnung, der Funktionsweise ihrer politischen Institutionen mit besonderer Schärfe.

Die Entfremdung der Bürger von der Staatsmacht, die Quintessenz der gegenwärtigen Krise der Demokratie, ist eine gefährliche Tendenz. Sie stärkt die Positionen demokratiefeindlicher Kräfte, öffnet autoritären Tendenzen Tür und Tor.

Das 20. Jahrhundert hat unwiderlegbare Beweise dafür geliefert, welche Gefahren von autoritären oder gar diktatorischen Machtsystemen ausgehen. Wie perfekt sie auch organisiert sein mögen, treiben sie die Gesellschaft doch letzten Endes in eine Sackgasse, erzeugen Chaos und stellen die Menschen vor unlösbare Probleme. Nicht zufällig brachen am Ende dieses Jahrhunderts starke Bewegungen gegen Totalitarismus und Diktatur aus, die zum Sturz vieler derartiger Regime führten. Aber in einer beträchtlichen Zahl von Staaten bestehen und funktionieren sie noch immer.

All das spitzt das Problem der Demokratie extrem zu und läßt es zu einer der wichtigsten Herausforderungen der kommenden Jahrzehnte werden.

Diese Herausforderung ist nicht nur für die Innenpolitik der Staaten von Belang. Einerseits deswegen, weil, wie wir längst wissen, Wesen und Orientierung der Innenpolitik auch Wesen und Orientierung der Außenpolitik bestimmen. Ein demokratisches politisches System bedeutet, daß sich ein Staat der Außenwelt öffnet, was die Voraussetzungen für gegenseitiges Vertrauen und Verständigung mit anderen ebenso demokratischen Gesellschaften schafft.

Umgekehrt – auch das ist unzählige Male bewiesen worden – bedeutet eine autoritäre und mehr noch eine totalitäre Ordnung die Abschottung und Isolierung eines Landes von der Außenwelt. Für derartige Regime ist die Konfrontation die günstigste Variante der Außenpolitik, da es ihnen ermöglicht, das eigene Volk im Zaume zu halten und jegliche Zwangsmittel anzuwenden. Eine ständige Begleiterscheinung der Außenpolitik des Totalitarismus ist außerdem die Unterstützung ähnlich strukturierter Regime in anderen Ländern.

In der Sowjetunion kannten wir das alles aus eigener Erfahrung. Die sogenannte Breschnew-Doktrin, die sich besonders in solchen Aktionen wie dem Einmarsch in die Tschechoslowakei 1968 zeigte, hatte durchaus nicht nur eine außenpolitische, sondern auch eine innenpolitische Komponente. Die Unterdrückung des Prager Frühlings zielte unter anderem auch darauf ab, das in unserem Lande bestehende System zu konsolidieren. Nicht zufällig nahmen mit dieser Aktion auch die Repressalien selbst gegenüber wohlmeinenden Kritikern tatsächlicher Mängel und Irrtümer der sowjetischen Politik zu.

Die Überwindung der gegenwärtigen Krise der Demokratie in den Staaten des Westens sowie eine wirkliche Demokratisierung der Innenpolitik Rußlands und der anderen Nachfolgestaaten der UdSSR sind also unabdingbare Voraussetzung dafür, daß die Lage in der Welt sich grundlegend verbessert.

Andererseits müssen weitere Schritte unternommen werden, um die Beziehungen zwischen den Staaten und Völkern im eigentlichen Bereich der internationalen Politik weiter zu demokratisieren.

Die Überwindung des Kalten Krieges und seiner Folgen sind zweifellos ein wichtiger Faktor dieser Demokratisierung gewesen. In der im November 1990 angenommenen Pariser Charta für ein neues Europa sind, wie es damals schien, die gemeinsamen Vorstellungen von einer demokratischen Umgestaltung der internationalen Beziehungen (zumindest in Europa) wie auch die Grundsätze einer weiteren Entwicklung in dieser Richtung eindeutig formuliert. Dieses Dokument und einige andere, die damals bilateral vereinbart wurden, enthielten weitere Einzelheiten derartiger Veränderungen. Denn die Durchsetzung demokratischer Verhältnisse ist zwar im Grunde genommen ein einheitlicher Prozeß, nimmt jedoch in den einzelnen Staaten durchaus spezifische Formen an.

Im Bereich der internationalen Politik kann es nicht darum gehen, die Regeln der parlamentarischen Demokratie oder andere Prinzipien rein innenpolitischen Charakters anzuwenden. Demokratisierung der internationalen Beziehungen bedeutet vor allem, daß die Rechte und Interessen aller Länder und Völker anerkannt und wirklich gleich behandelt werden, daß Vorschriften ausgeschlossen werden, daß kein Land einem anderen seinen Willen aufzwingt oder zu diesem Zwecke gar Gewalt – in welcher Form auch immer – anwendet.

Zur Demokratisierung der internationalen Beziehungen gehört auch, daß alle Staaten die bestehenden gemeinsamen internationalen Organisationen, angefangen bei der UNO, respektieren, ihre Pflichten ihnen und der Weltgemeinschaft gegenüber uneingeschränkt erfüllen. Die internationalen Organisationen sind zu achten, weil in ihnen die Gleichberechtigung aller an den internationalen Beziehungen beteiligten Staaten unmittelbaren Ausdruck findet. An dieser Stelle muß eines deutlich ausgesprochen werden: Wenn die Vereinigten Staaten unablässig betonen, überall in der Welt demokratische Verhältnisse durchsetzen zu wollen (was eigentlich nur begrüßt werden kann), dann paßt das überhaupt nicht damit zusammen, daß sie versuchen, anderen Staaten ihre Verhältnisse (als Muster an Demokratie) aufzuzwingen oder gar ganz unverhüllt die Führungsrolle Amerikas in der Welt anstreben. Unterstützung der Demokratie – ja, aber ausschließlich in demokratischen Formen. Sonst gerät auch der Wunsch, zur Verbreitung der Demokratie beizutragen, ins Zwielicht.

Zu der von den USA beanspruchten Rolle als Hüter der Demokratie paßt auch nicht, daß Washington die UNO bereits mehrfach mißachtete, ihre Beschlüsse ignorierte oder sie in Fragen, die eindeutig in ihre Kompetenz gehören, zu umgehen versuchte (wie es z. B. bei den Bombenabwürfen in Bosnien und Herzegowina geschah). Das ist im Grunde genommen nichts anderes als die Mißachtung der Weltgemeinschaft durch eine Großmacht.

Bei der Verletzung demokratischer Grundsätze der Weltpolitik stehen die USA nicht allein. Leider ist die Welt noch weit davon entfernt, die Gleichheit der Staaten wirklich zu achten und sich jeglicher Einmischung, ob nun direkt oder indirekt, in deren Angelegenheiten zu enthalten. Beispiele dafür lassen sich auf allen Kontinenten finden.

Natürlich müssen die größeren und stärkeren Staaten einen wichtigen Beitrag zur Regelung internationaler Probleme leisten. Aber stets bei Anerkennung und Achtung der Rechte aller übrigen Staaten. Sie haben keine größeren Rechte als andere. Sie tragen höchstens eine höhere Verantwortung für das Schicksal der Welt. Auch dafür, daß in den internationalen Beziehungen wirkliche Demokratie einzieht.

Gerade die Großmächte müssen dafür sorgen, daß die kleinen und mittleren Staaten die reale Möglichkeit erhalten, am weltweiten Austausch teilzunehmen. Deshalb müssen gerade die Großmächte bei der tatsächlichen Achtung ihrer Rechte und Interessen mit gutem Beispiel vorangehen.

In den Jahren der Konfrontation war es genau umgekehrt: Die Großmächte benutzten die kleinen und mittleren Staaten als Schachfiguren der Weltpolitik. Nach dem Ende des Kalten Krieges sollte sich dies eigentlich ändern. Einige Anzeichen dafür sind vorhanden. Aber zu einem radikalen Wandel ist es bislang nicht gekommen.

Unter den heutigen Bedingungen muß die Demokratisierung der internationalen Beziehungen auch bedeuten, daß kollektive Aktionen, kollektive Diplomatie immer breitere Anwendung finden. Faktisch berühren alle Arten von Konflikten, besonders wenn Waffengewalt im Spiel ist, die Interessen ganzer Staatengruppen. Hier müssen alle betroffenen oder interessierten Staaten gemeinsam handeln und ihre Politik dem Ziel unterordnen, den Konflikt zu verhüten oder zu beenden. Auch hier ist die Gleichberechtigung aller Beteiligten zu gewährleisten. Vor allem aber ist ein selektives Vorgehen, sind doppelte Standards gegenüber den Konfliktparteien und den an der gemeinsamen Aktion beteiligten Ländern auszuschließen. Das ist bislang häufig nicht der Fall. Man braucht nur an die Situation in Ex-Jugoslawien zu erinnern. Die USA und auch andere westliche Länder (mit bestimmten Abstufungen) nahmen deutlich eine einseitig feindselige Haltung gegenüber den Serben ein und übersahen geflissentlich ebenso rechtswidrige Aktionen der moslemischen und der kroatischen Seite (ethnische Säuberungen, Massenmorde an Bürgern der Gegenpartei u. a.). Man muß allerdings sagen, daß auch Rußland sich nicht immer gerecht und unparteiisch verhielt.

In der UNO-Charta sind die wichtigsten Prinzipien demokratischer internationaler Beziehungen niedergelegt. Dies ist ein wichtiges Grundsatzdokument. Heute jedoch, da eine Demokratisierung der internationalen Beziehungen immer dringlicher und zugleich komplizierter wird, wäre es sicherlich zweckmäßig, einen Kodex der Rechte und Pflichten der Staaten im Rahmen der einheitlichen Weltgemeinschaft auszuarbeiten. Das kann sehr schwierig werden, da nicht alle Staaten (auch diejenigen, die die Demokratie als obersten Grundsatz verkünden) bereit sein werden, einheitliche Verhaltensregeln für alle in einem gemeinsamen internationalen Dokument festzulegen. Solche Regeln können für die, die gewohnt sind, willkürlich und rücksichtslos vorzugehen, beengend und unbequem werden. Man kann auch nicht sicher sein, daß sie eingehalten werden, selbst wenn es gelingt, ein solches Dokument zu unterzeichnen und – als Voraussetzung für sein Funktionieren – zu ratifizieren. Aber es könnte eine gewisse zügelnde

Wirkung auf potentielle Verletzer der demokratischen Normen des friedlichen Zusammenlebens ausüben.

Ein weiterer sehr wichtiger Aspekt der Demokratisierung der internationalen Beziehungen besteht darin, daß alle Staaten die Menschenrechte in ihrer Innenpolitik uneingeschränkt achten und darauf hinwirken, daß alle anderen Mitglieder der Weltgemeinschaft sie einhalten. Dabei ist es notwendig, nicht nur vom Grundsatz der Achtung der Menschenrechte auszugehen (die in UNO-Dokumenten eindeutig niedergelegt sind), sondern auch zu berücksichtigen, wie dieser Grundsatz von einzelnen Staaten und Völkern betrachtet wird.

Obwohl die internationalen Menschenrechtskonventionen von den meisten Staaten unterzeichnet und ratifiziert wurden, sind Nuancen zu beobachten, wie diese ausgelegt und realisiert werden. Es gibt genügend Beispiele, daß offensichtliche Menschenrechtsverletzungen von den Staaten nicht als solche akzeptiert werden. Dabei beruft man sich gewöhnlich auf nationale Traditionen.

Wenn andere Staaten einen Verletzer der Menschenrechte im Verständnis der UNO auffordern, diesen Zustand zu korrigieren, löst dies häufig noch größeren Widerspruch aus und wird nicht selten als Verletzung der Souveränität des jeweiligen Staates angesehen.

In solchen Fällen zeigt sich, daß es an allgemein anerkannten völkerrechtlichen Normen fehlt, die die Grenzen der internationalen Zuständigkeit in dieser Frage definieren, das Prinzip der Unverletzlichkeit der Menschenrechte und das Recht der Weltgemeinschaft, auf ihrer Einhaltung zu bestehen, zueinander ins Verhältnis setzen. Aber nicht allein darum geht es.

Der Begriff der Menschenrechte und insbesondere die Möglichkeit, von außen einzugreifen, um ihre Einhaltung durchzusetzen – diese sind relativ neue Erscheinungen. Sie sind Ergebnis einer langen Entwicklung der politischen Kultur und der Rechtskultur insbesondere in Europa und Nordamerika. Im gesamteuropäischen Prozeß ist die Universalität der Menschenrechte z. B. von allen Staaten anerkannt worden. Das schließt auch ein internationales Eingreifen für ihre Durchsetzung ein. Aber ein besonderes Gericht, das sich mit Fragen befaßt, besteht nur im Rahmen der Europäischen Union und des Europarates (die über von allen Teilnehmerstaaten ratifizierte Konventionen verfügen). Einige andere Staaten, die die Universalität der Menschenrechte anerkennen, halten sich bei weitem nicht in allen Fällen an die entsprechenden Regeln. Nach Beispielen braucht man nicht lange zu suchen. Die Kommission zur Beobachtung der Menschenrechte in Rußland stellt jedes Jahr eine Vielzahl schwerster Verletzungen dieser Rechte fest. Das beginnt bei den politischen und endet bei den Bürgerrechten, es betrifft die Tätigkeit von Journalisten oder Fälle von Folterungen durch Organe des Innenministeriums. Aber die Feststellung derartiger Fälle bedeutet nicht, daß die Verletzungen ein Ende haben.

Ein gewisses Mißtrauen gegenüber internationalen Forderungen nach Einhaltung der Menschenrechte hegen Staaten, die erst vor relativ kurzer Zeit ihre Unabhängigkeit und Selbständigkeit errungen haben. Die Souveränität ist für sie ein so hoher Wert, daß sie schon derartige Forderungen als Anschlag gegen sie betrachten. Das kann man durchaus verstehen. Die Geschichte dieser Staaten kennt so viele Formen und Methoden offener und verdeckter Einmischung in ihre inneren Angelegenheiten (häufig unter höchst wohlklingenden Vorwänden), daß sie heute durchaus das Recht auf Zweifel haben.

Es ist keine Frage, daß Staaten, wo autoritäre Regime oder ihre Überreste vorhanden sind, die Einhaltung der Menschenrechte auf ihrem Gebiet häufig umgehen. Wir wissen aus unserer eigenen Geschichte, daß die Sowjetunion die Menschenrechte lange Jahre als etwas künstlich Erdachtes betrachtete (weshalb dieser Begriff in unserem Lande stets nur in Anführungszeichen benutzt wurde). Für das totalitäre Regime war selbst die Frage nach der Einhaltung der Menschenrechte eine Herausforderung, ein böswilliger Angriff auf das Wesen seiner Politik. Erst die Perestroika hat dem ein Ende gesetzt.

Wir glauben jedoch, daß die Demokratisierung der internationalen Beziehungen nicht vollständig sein kann, wenn nicht Möglichkeiten gefunden werden, die Menschenrechte überall auf der Erde zu sichern. Denn dies ist das Fundament dafür, daß sich in den zwischenstaatlichen Beziehungen weltweit demokratische Prinzipien durchsetzen. Vielleicht halten es die UNO wie auch die regionalen Organisationen für Frieden und Zusammenarbeit letzten Endes für notwendig, Strukturen aufzubauen, die die Einhaltung der Menschenrechte nicht nur beobachten, sondern auch Sanktionen verhängen und andere Zwangsmaßnahmen anwenden, wenn es zu groben Verletzungen der Menschenrechte kommt. Das betrifft auch nationale Minderheiten und andere Bevölkerungsgruppen, die unterdrückt, diskriminiert oder ihrer legitimen Rechte beraubt werden.

Die Demokratisierung der internationalen Beziehungen ist zu einem aktuellen Erfordernis geworden. Sie ist eine Präventivmaßnahme gegen Verletzungen des Friedens, gegen willkürliches Handeln jedes Staates in der internationalen Arena. Zugleich ist sie ein wichtiger Faktor, der zur Demokratisierung des Lebens in den einzelnen Staaten der Weltgemeinschaft beiträgt. Ohne die Demokratisierung der internationalen Beziehungen wird es nicht möglich sein, eine neue, wirklich demokratische Weltordnung zu errichten.

Die Herausforderung der
allgemeinen menschlichen Werte

Eine der Grundideen des Neuen Denkens ist die Priorität der allgemein menschlichen Werte. Bereits als sie zum ersten Mal geäußert wurde und auch heute noch wird sie immer wieder in Zweifel gezogen. Wer sie ablehnt, verweist darauf, daß bereits andere Wertesysteme wie die der Klassen, Nationen oder Religionen bestehen. Das eine schließt das andere jedoch nicht aus. Alle diese Werte haben ihre Existenzberechtigung. Und doch gebührt den allgemein menschlichen Werten Priorität. Das ist das objektive Ergebnis einer langen und komplizierten Entwicklung.

Die Geschichte der Menschheit ist in bedeutendem Maße eine Geschichte ihrer Werte, von denen moralische Orientierungen ausgehen, die letzten Endes das Verhalten der verschiedenen Gemeinschaften von Menschen bestimmen. An jeder großen historischen Wende wechselten diese Werte, erfuhren eine Anreicherung oder Verarmung. Ihre Grundlage ist jedoch immer dieselbe geblieben. Sie hat den Menschen zum Menschen gemacht. Diese Grundwerte haben in den Weltreligionen ihre Verkörperung gefunden. Sie haben einsame Humanisten und riesige Menschenmengen inspiriert, verschiedene Ideologien gespeist und starke Massenbewegungen ausgelöst. Die

Motive dieser Ideologien und die in diesen Massenbewegungen vertretenen Positionen sind äußerst vielfältig. Ebenso unterschiedlich sind die Ergebnisse, die sie erreicht haben. Viele scheiterten und verschwanden von der Bühne der Geschichte, ohne viel zu bewirken. Aber die Grundwerte, für die sie eintraten, haben überlebt. Sie haben ihre Bedeutung bewahrt und werden sie auch in Zukunft bewahren. Denn ohne sie wird der Mensch moralisch zum Tier. »Die Ablehnung oder Zerstörung dieser (religiösen, geistigen, moralischen, kulturellen, staatsbürgerlichen oder politischen) Werte«, schrieb der große florentinische Humanist Giorgio La Pira, »...führt unweigerlich zu Ungerechtigkeit, Verfolgung und Unterdrückung.«

Von einer Krise der Werte sprechen heute die Philosophen und die Vertreter vieler Religionen. Dieser Krise sind die Werke großer Schriftsteller gewidmet. Auch die Politiker erinnern nicht selten daran. Aber an der Lage ändert sich nichts.

Unvergängliche moralische Grundsätze der Menschheit, die für ein menschliches Leben unabdingbar sind, werden vielfach vergessen oder scheinheilig zur Bemäntelung von Handlungen mißbraucht, die ihnen direkt zuwiderlaufen. Viele der sogenannten neuen Werte eignen sich eher zur Begründung und Rechtfertigung von Egoismus, Eitelkeit und Arroganz, von der Macht des Geldes und von ungezügeltem Konsumdenken, denn als vernünftige Prinzipien, die mit der menschlichen Natur im Einklang stehen.

Das Dilemma, das schon die Weisen der Antike formulierten – »Sein oder Haben« – tritt in unseren Tagen auf neue, geradezu bedrohliche Weise in Erscheinung. Denn das Leben des Menschen wird immer mehr dem Drang nach Besitz untergeordnet. Konsumdenken und Warenfetischismus, diese negativen Folgen der Marktwirtschaft, drängen das Streben nach einer Bereicherung des Geistes und Entwicklung der Kultur, nach Vervollkommnung des menschlichen Denkens und Bewußtseins weit in den Hintergrund. Die Freiheit des Besitzes gilt als höchste Errungenschaft der Geschichte, gleichsam als ihr Schlußpunkt. Das aber ist nichts anderes als der Verzicht darauf, nach einer besseren, humaneren, wahrhaft menschlichen Zukunft zu streben.

Wenn die menschliche Gesellschaft mit den entstellten, verlogenen Werten von heute in die Zukunft geht, dann können wir sie getrost abschreiben. Denn das würde den endgültigen Ausstieg des Menschen als Homo sapiens, als das höchste Werk der Schöpfung, bedeuten. Die Rückkehr zu den aus Jahrhunderten überkommenen geistigen und moralischen Lebenswerten, zu einer humanistischen, wahrhaft optimistischen Weltsicht ist eine der entscheidenden Aufgaben unserer Zeit. Sie stellt sich der ganzen Menschheit. Sie ist global. Denn ohne diesen Reichtum an Werten, den die Menschen in Jahrtausenden angesammelt haben, werden sie die ihnen drohenden Gefahren nicht bewältigen und die Probleme nicht lösen können, die als ungeheure Herausforderung vor ihnen stehen.

Gerade in unserer Zeit haben die Menschen, hat das ganze Menschengeschlecht auf Grund der Globalisierung seines Daseins, der zunehmenden Einheit und Interdependenz der Welt in allen ihren Teilen gemeinsame, globale Interessen, allen voran das Interesse am eigenen Überleben. Unter diesen Umständen erhalten die ewigen Werte einen besonderen, einen lebensbestimmenden Sinn. Zugleich sind sie noch umfassender geworden.

Da die Menschheit heute real in der Lage ist, sich selbst zu vernichten, weil sie entweder ein atomares Inferno oder eine Umweltkatastrophe auslöst, ist der Wert Leben zu einer plane-

taren, ja, in gewissem Sinne zu einer tragischen Größe geworden. Zum ersten Mal in der Geschichte stellt sich das Problem,
nicht nur das Leben eines einzelnen Menschen oder einer Nation zu bewahren, sondern das der ganzen Menschheit.

Der Wert Natur ist heute für den Menschen ein wichtiges
Maß und Kriterium für den Schutz und die Rettung der
menschlichen Gemeinschaft. Auch die Aufgabe, eine Umweltkatastrophe zu verhüten, stellt sich zweifellos der ganzen
Menschheit. Anders kann sie nicht mehr begriffen werden.

Dies alles bedeutet, daß die Werte der Moral auch in der
Weltpolitik materialisiert werden müssen. Das erfordert, ein
System kollektiver Steuerung der weltweiten Prozesse zu schaffen, von dem bereits die Rede war, eine wirksame gleichberechtigte Zusammenarbeit der Staaten und Völker zu entwickeln sowie das nationale Interesse und das nationale
Handeln gemeinschaftlich dem weltweiten, globalen Interesse
und Handeln unterzuordnen. Mit anderen Worten, auch aus
der Sicht der Werte ergibt sich die Notwendigkeit einer neuen
Politik, die in der Lage ist, die Menschheit aus der Sackgasse zu
führen, in der sie heute steckt.

Leider fristen die allgemein menschlichen Werte bis in unsere
Tage häufig – zu häufig! – ein Schattendasein, und die Politik
geht ihre eigenen Wege, die diesen Werten sehr fern sind. Dieselben Politiker, die ihre Treue zu den allgemein menschlichen
Werten versichern, auf die Prinzipien des Humanismus oder die
moralischen Gebote der Religion schwören, vergessen diese
sehr schnell, wenn es ans praktische Handeln geht. Dann sind
ihre »Grundsätze« brutale, egoistische Berechnung, Intoleranz,
Willkür und Gewalt gegen Menschen, selbst gegen ihre eigenen
Landsleute. Bis heute wird das viel zu häufig einfach hinge-
nommen. Allerdings kommt es gar nicht so selten vor, daß die

Unmoral der Politiker, ihre Ignoranz gegenüber den allgemein menschlichen Werten letzten Endes wie ein Bumerang auf sie zurückschlägt und sie mitsamt ihren Ambitionen von der Bühne der Geschichte fegt.

Im Jahre 1995 hat die Welt des 50. Jahrestages der Zerschlagung des Faschismus gedacht. Seine Geschichte ist sicher eines der markantesten und überzeugendsten Beispiele für das schmähliche und totale Scheitern einer Politik, die auf Unterdrückung der allgemeinen Menschheitswerte und absoluter Verachtung für jegliche Prinzipien der Moral gegründet war.

Wir kennen auch solche Beispiele aus der sowjetischen Geschichte. Das gilt vor allem für den Stalinismus und seine Folgen. Auch später in der Zeit des Poststalinismus haben der Einmarsch sowjetischer Truppen in Ungarn, der Tschechoslowakei und Afghanistan, andere Aktionen dieser Art, die den Werten und Grundsätzen des menschlichen Zusammenlebens widersprachen, unserem eigenen Land tiefe Wunden geschlagen.

Heute, da neue Voraussetzungen dafür entstanden sind, Politiker für die Mißachtung der allgemein menschlichen Werte zu verurteilen, reichen Hinweise auf die Geschichte nicht mehr aus.

Heute müssen wir an etwas anderes denken: Welche Forderungen stellt die Zeit heute an uns, da das Schicksal keines einzelnen Menschen mehr für sich allein existiert, da die Schicksale aller Erdbewohner aufs engste miteinander verwoben sind?

Kann in dieser Situation noch jemand übersehen, daß die Beachtung der allgemein menschlichen Werte ein unabweisbarer Imperativ unserer Zeit ist und daß es zu katastrophalen Folgen führen kann, wenn diese Werte noch länger mißachtet oder gar ignoriert werden? Nur wenn man sich auf diese Werte stützt, kann man heute für die gewaltigen globalen Probleme eine Lösung finden, deren weitere Zuspitzung eine wahre Zeitzünderbombe für die Zukunft der Menschheit wäre.

Wir stellen mit Befriedigung fest, daß die Vertreter unterschiedlichster ideologischer Strömungen und Glaubensbekenntnisse, Wissenschaftler verschiedenster Schulen zu diesem Schluß kommen. Aber die Politik bleibt nach wie vor zurück. Liegt nicht gerade darin die tiefere Ursache für viele Probleme unserer Tage?

Dabei ist hervorzuheben, daß gerade in der internationalen Politik einige Werte besonders großes Gewicht erhalten. Dazu gehört vor allem der Wert Toleranz. Angesichts der wachsenden Vielfalt der Welt hängt ihre Lebensfähigkeit und die ihrer einzelnen Bestandteile in hohem Maße davon ab, wie die bestehenden Unterschiede toleriert werden.

Die UNO erklärte das Jahr 1995 zum Jahr der Toleranz. In ihrer Charta heißt es, daß Toleranz unabdingbar ist, um Kriege zu verhindern und den Frieden aufrechtzuerhalten. Das ist zweifellos richtig. Man kann aber auch zugespitzter formulieren: Toleranz ist zu einem entscheidenden Menschheitswert geworden.

Das 20. Jahrhundert ist insgesamt ein Jahrhundert der Intoleranz gewesen. Sowohl in den zwischenmenschlichen Beziehungen als auch in den gesellschaftlichen Verhältnissen und in der internationalen Politik hat Intoleranz – geschürt von Nationalismus und Rassismus, von der unersättlichen Gier nach Profit, nach Territorien, nach Rohstoffquellen und Absatzmärkten – das Klima bestimmt.

In unseren Tagen heizt Intoleranz zahlreiche blutige Konflikte an – von den Republiken des ehemaligen Jugoslawien und Somalia über Ruanda und Sri Lanka bis nach Afghanistan und

Tschetschenien. Das ist eines der Phänomene der vergangenen Geschichte und des heutigen Alltags, der keinen einzigen Bereich der menschlichen Beziehungen, keine einzige Region unseres Planeten verschont hat. In den Beziehungen zwischen den Menschen, zwischen ihren Gemeinschaften, zwischen Völkern und Staaten Toleranz durchzusetzen, wie es die UNO fordert, ist eine Garantie dafür, daß der Wert des Menschen sowie die Freiheit jedes Volkes, jeder Nation und jeder Minderheit anerkannt werden und diese über ihr Schicksal selbst entscheiden können.

Toleranz im weitesten Sinne erfordert, die Ansichten des anderen zu respektieren, sich jedes Versuchs zu enthalten, einem anderen seine Auffassungen und Überzeugungen mit Gewalt aufzuzwingen. Das bedeutet Dialog, Verhütung von Konflikten und Lösung von Widersprüchen.

In der internationalen Politik im engeren Sinne bedeutet Toleranz, nach gegenseitig annehmbaren und auf Interessenausgleich beruhenden Lösungen zu suchen. Das ist mühselige Kleinarbeit, das sind Verhandlungen, die nicht auf ein Nullsummenspiel, sondern auf Kompromisse hinauslaufen, mit denen man auch die schwierigsten Probleme bewältigen kann.

Toleranz bedeutet nicht, wie manche sagen, alles zu verzeihen und die Widersprüche zu ignorieren. Es bedeutet, die Unterschiede als ideologischen, politischen und moralischen Reichtum zu verstehen. Und es ist natürlich der Weg zu gegenseitigem Verständnis und gegenseitiger Achtung.

Verständigung ist ein weiterer allgemeiner Menschheitswert. Von Verständigung war und ist in einer Vielzahl internationaler Dokumente die Rede. Aber dieser Begriff wird häufig gedankenlos gebraucht, und danach geschieht nichts. Heute kommt es darauf an, diesem Begriff seinen ursprünglichen Sinn zurückzugeben.

Alle großen positiven Veränderungen der letzten Jahre waren vor allem deshalb möglich, weil Staaten, die noch vor kurzem Feinde waren, zu gegenseitiger Verständigung fanden. Das heißt, sie verstanden und nahmen ihre Interessen wechselseitig zur Kenntnis, fanden einen Ausgleich.

Verständigung bedeutet nicht und kann nicht bedeuten, daß die Unterschiede, vor allem die Unterschiede in den Interessen ignoriert werden. Mit anderen Worten, sie schließt nicht aus, daß die Seiten bei der gemeinsamen und abgestimmten Lösung von Problemen durchaus verschiedene Absichten verfolgen können. Aber sie verlangt, daß über konkrete Fragen auf Treu und Glauben Vereinbarungen getroffen werden, die man natürlich gewissenhaft erfüllt. Wenn Verpflichtungen nicht ehrlichen Herzens übernommen und erfüllt werden, dann ist Verständigung unmöglich.

Um aber Verständigung zu erreichen, muß man sich vor allem gut kennen, die Sorgen und die Möglichkeiten des Partners verstehen. Und das nicht nur im Kreise der politischen Führungen oder der Politiker. Wirkliche Verständigung wird vor allem dann erreicht, wenn die Völker Vertrauen zueinander fassen. Dafür ist ein unvoreingenommener Umgang der Staaten, Völker und der einfachen Bürger miteinander von grundsätzlicher Bedeutung.

Das haben die Erfahrungen der letzten Jahre überzeugend bewiesen. Als seinerzeit breite Kontakte zwischen Bürgern der UdSSR und der USA angebahnt wurden, veränderte sich das Verhältnis der beiden Völker zueinander, begriffen sie, wie sehr sie aufeinander angewiesen und zur Zusammenarbeit regelrecht bestimmt waren. Das wurde zu einem wichtigen Faktor der Politik.

Den Umgang der Völker miteinander zu fördern, die Barrieren abzubauen, die ihm im Wege stehen, ist eine gemeinsame Aufgabe aller, die wirklich Frieden und friedliche Zusammenarbeit wollen. Eine sehr wichtige Seite dieses Problems ist die enorme Verantwortung der Medien. Man kann leider nicht sagen, daß sie immer eine positive Rolle spielen. Zeitungen, Zeitschriften, Rundfunk- und Fernsehprogramme jagen der billigen Sensation nach. Oft wird einfach desinformiert, meist in Form einseitiger, voreingenommener Berichterstattung. Damit erziehen sie, ob das jemand will oder nicht, zu Fremdheit und sogar Feindseligkeit zwischen den Völkern.

Das Verhältnis des Westens zu Rußland ist dafür ein gutes Beispiel. In der letzten Zeit versuchen die Medien des Westens, aber leider auch der Nachbarländer Rußlands in Mittel- und Osteuropa, neues Mißtrauen gegenüber dem russischen Volk zu säen. Es werden Legenden darüber verbreitet, daß massenweise radioaktives Material aus Rußland herausgeschmuggelt wird. Das bestätigt sich häufig nicht, aber ein Keim des Zweifels ist gelegt. Oder man streut die Vermutung aus, das natürliche Streben einiger ehemaliger Republiken der Sowjetunion nach aktiverer Zusammenarbeit mit Rußland sei schon wieder eine Erscheinungsform des russischen Imperialismus...

Offenbar gibt es Kräfte, die immer noch bedauern, daß das Feindbild Rußland, das die Vergangenheit beherrschte, verblaßt ist oder sich ganz und gar verflüchtigt hat. Diese Kräfte sähen es gern, wenn das Mißtrauen gegenüber den Russen wiedererstünde und die Menschen sich erneut vor einer »Gefahr aus dem Osten« fürchteten.

Derartige Dinge geschehen nicht von selbst. Hinter solcher Lügenpropaganda stehen immer bestimmte Interessen und politische Ziele. Wir erwähnen das, um zu warnen: Falsche Vorstellungen sind immer die Voraussetzung für Mißtrauen oder die Zerstörung entstandenen Vertrauens; sie untergraben die Verständigung, die wir heute und morgen so nötig haben.

Übrigens sind auch die russischen Medien in dieser Hinsicht nicht ohne Sünde.

Toleranz, Verständigung und Vertrauen sind untrennbar verbunden mit einem weiteren grundlegenden menschlichen Wert: der Solidarität – Solidarität der Menschen untereinander, mit den nahen und fernen Bürgern dieses Planeten Erde; Solidarität mit den Armen und Elenden, mit den Leidenden und Obdachlosen.

In den letzten Jahren hat die Welt mehrfach bewegende Beispiele humanistischer Solidarität erlebt. Erinnern wir uns nur an die Welle des Mitgefühls und der direkten Unterstützung unserer Bürger nach dem Unglück von Tschernobyl, dem Erdbeben in Armenien oder später auf Sachalin. Die Weltgemeinschaft, gesellschaftliche Organisationen und einfache Bürger bewiesen wahre menschliche Solidarität mit den Kriegsopfern z. B. in Ex-Jugoslawien, mit Menschen, die von Naturkatastrophen betroffen sind. Man kann sicher sagen, daß der Solidaritätsgedanke in der Welt immer tiefere Wurzeln schlägt.

Trotz allem ist aber auch ein Defizit an Solidarität spürbar. Das betrifft vor allem die Politik der Staaten. Hier muß man anstelle von Solidarität zu oft Entfremdung und Gleichgültigkeit gegenüber den Leiden von Menschen und ganzen Völkern erleben. Das betrifft sowohl die Innenpolitik vieler Staaten als auch den internationalen Bereich. Berechnender Egoismus und selbst der Versuch, aus fremdem Leid Vorteil zu schlagen, sind an der Tagesordnung.

All dies betrifft vor allem das Verhältnis des entwickelten Teils der Welt zu den Entwicklungsländern. Davon war bereits die Rede. Ja, wir wiederholen auch hier, bestimmte Schritte werden getan. Aber zu oft gewinnt man den Eindruck, daß viele dieser Schritte vor allem der Beruhigung des eigenen Gewissens dienen. Da es an realer und wirksamer Solidarität mit der »Dritten Welt« mangelt, da ihre Bedürfnisse ignoriert und eine enge Zusammenarbeit mit ihr verweigert wird, entsteht der Nährboden für diktatorische Regime mit ihrem unberechenbaren Verhalten in den zwischenstaatlichen Beziehungen, für zahlreiche innere Konflikte, die Millionen Opfer fordern.

Das 21. Jahrhundert, ja, das ganze nächste Jahrtausend wird zu einer Epoche weltweiter Tragödien werden, wenn humane Solidarität sich nicht gegen die heute so verbreitete Mißachtung, ja sogar Verachtung des einzelnen Menschen und der Schicksale von Milliarden durchsetzt.

Voltaire äußerte einmal, die Geschichte aller Epochen vor seiner Zeit sei eine Geschichte des Fanatismus gewesen. Man kann sagen, daß die Geschichte der beiden nachfolgenden Jahrhunderte eine Geschichte der Ideologien, genauer gesagt, der ideologisierten Politik war. Der Nutzeffekt der in Jahrhunderten angehäuften Kenntnisse, Fähigkeiten und geistigen Potentiale ist im Laufe der Zeit immer stärker minimiert worden. Großen Einsichten der Wissenschaftler, Denker und Naturforscher verweigerte man die Anerkennung. Das geschah Malthus Ende des 18. und Anfang des 19. Jahrhunderts oder auch Einstein im 20. Jahrhundert. Dafür wuchs die Fähigkeit der Menschen zur Selbstvernichtung.

Fanatismus und Ideologien sind auch in unserer Zeit nicht verschwunden. Aber sie haben bedeutende Positionen eingebüßt. Die Ideologien allerdings verändern ihr Erscheinungsbild und passen sich den neuen Umständen an. Jetzt – nicht wegen einer Laune der Mächtigen, sondern als Ergebnis objektiver Prozesse – treten wir in eine Welt von anderen Dimensionen ein, in der die allgemein menschlichen Werte lebensbestimmende Bedeutung erlangen.

Diese Werte, die ein Erbe der jahrtausendelangen Geschichte der Menschheit sind, zu bewahren, sie in praktische Taten umzusetzen, ist nicht einfach. Das erfordert vor allem ein hohes Niveau der Durchdringung der Probleme der Gegenwart und nicht weniger hohe moralische Qualitäten. Das eine wie das andere ist ohne zielgerichtete Anstrengungen nicht zu haben.

Diese Anstrengungen müssen darauf ausgerichtet sein, die kulturellen Voraussetzungen für die Lösung der entstandenen Aufgaben zu schaffen. Das bedeutet, Bildung und Erziehung zu fördern, die Rolle der geistigen Faktoren im Leben der Menschen entschieden zu verstärken. Das erlegt den intellektuellen Kräften der Menschheit eine enorme Verantwortung auf. Gefordert ist die Wissenschaft, die in der Lage sein muß, unter Berücksichtigung aller widersprüchlichen Entwicklungsfaktoren originelle Lösungswege zu weisen. Gefordert ist die Kultur, die mit ihren Mitteln eine Annäherung von Politik und Moral herbeizuführen hat. Gefordert sind die Religionen, in deren Geschichte die allgemeinen Menschheitswerte stets einen hohen Rang einnahmen.

Für die Zukunft wird von erstrangiger Bedeutung sein, daß die Wissenschaft größeres Gewicht erhält. Der Schwerpunkt liegt auf der humanistischen Nutzung ihrer Erkenntnisse. Die Gesellschaft muß eine vernünftige Kontrolle über wissenschaftlich-technische Entwicklungen ausüben, die für den Menschen und die Menschheit gefährliche Folgen haben können. Wissenschaftliche Erkenntnis muß die Politik in weit größerem Maße befruchten.

Nicht geringere, sondern vielleicht sogar größere Bedeutung gewinnt die Vervollkommnung der Bildung. Dabei geht es nicht nur darum, daß der überwiegenden Mehrheit der Menschen Zugang zu Bildung und Wissen ermöglicht werden muß. Es ist auch eine solide Grundlage dafür zu schaffen, das moralische Niveau der Bildung zu erhöhen. Die Bildung muß die Grundlage dafür legen, daß die Menschen ihre gemeinsamen Probleme erkennen, sie muß die junge Weltgemeinschaft vorbereiten.

Dieselbe Aufgabe – zur Annäherung der Menschen beitragen – hat auch die Kultur zu lösen. Die Einheit der Weltgemeinschaft wird unerreichbar sein, wenn es nicht zu einer Annäherung der Kulturen auf der Grundlage gemeinsamer Werte kommt. Dabei geht es aber um eine Annäherung und gegenseitige Durchdringung der Kulturen, nicht darum, daß nationale Kulturen andere unterdrücken, daß die Eigenständigkeit der zahlreichen Kulturgemeinschaften zerstört wird. Nicht gemeint ist damit die weltweite Verbreitung der sogenannten Massenkultur, die die geistige Welt des Menschen nicht bereichert, sondern verwüstet und verkümmern läßt.

Schließlich ist ein Beitrag der verschiedenen Konfessionen zur gemeinsamen Sache, den allgemeinen Menschheitswerten überall auf der Welt zum Durchbruch zu verhelfen, undenkbar, ohne daß die Feindschaft zwischen den Religionen, die Konfrontation der Glaubensbekenntnisse überwunden wird. Jede Konfession hat ihren eigenen Wert. Ökumenisches Handeln, das Zusammenwirken der verschiedenen Religionen und ihrer Strömungen auf gemeinsamer humanistischer Grundlage ist eine wesentliche Voraussetzung dafür, daß die Menschheit ihre heutigen Schwierigkeiten und Blockaden überwindet.

Letzten Endes muß der vernunftbegabte Mensch sich als globaler Mensch verstehen, als Individuum, das nicht nur für sich selbst und für das Schicksal seiner Gemeinschaft, sondern für den Erdball, für die ganze Menschheit Verantwortung übernimmt. Heute schenkt die Weltöffentlichkeit den Problemen der Rechte des Menschen, der Nationen und Minderheiten große Beachtung. Das ist gerechtfertigt. Ebenso wesentlich ist aber auch die andere Seite der Medaille – die Verantwortung sowohl jedes Individuums als auch jeder nationalen und staatlichen Gemeinschaft vor sich selbst, vor anderen Menschen, anderen Gemeinschaften und vor der ganzen Menschheit. Um diese Verantwortung wird allerdings viel weniger Aufhebens gemacht als um die Rechte.

Das Leben hat uns die Aufgabe gestellt, nach einer harmonischen Entwicklung des Systems »Erde« zu streben, dem der Mensch und die übrige Natur angehören. Diese setzt jedoch zugleich Einheit und gegenseitige Durchdringung von Rechten und Pflichten voraus – Pflichten gegenüber sich selbst, seinem Nächsten, gegenüber den heutigen und künftigen Generationen, gegenüber der ganzen so gewaltigen und zugleich so kleinen irdischen Welt.

Die Menschheit muß globales Denken entwickeln – diese Forderung steht heute unabweisbar auf der Tagesordnung. Es hat gemeinsame Grundlagen mit dem individuellen Denken und entsteht als gesetzmäßiges Ergebnis von dessen Entwicklung und Vervollkommnung. Im Grunde genommen ist die ganze Geschichte des Denkens eine Geschichte der Erweiterung seiner Grenzen, seines Horizonts. Nun ist die Zeit gekommen, daß dieser Horizont den ganzen Erdball umschließen muß.

Bereits heute können wir beobachten, wie der Mensch sich allmählich eine umfassendere, eine globale Weltsicht zu eigen macht.

Das Individuum, das aus verschiedenen Quellen, vor allem über Presse, Rundfunk und Fernsehen eine Fülle von Informationen auch aus den entlegensten Winkeln unserer Erde auf-

nimmt, wird so, ob es will oder nicht, in den Strudel des Welt-
geschehens hineingezogen. So wächst im modernen Menschen
das Verständnis dafür, daß er mit anderen Menschen zusammenwirken muß, weil sich sein Leben bereits ganz real in weltweiten Grenzen abspielt.

In der Vielfalt der menschlichen Existenz treten immer deutlicher gemeinsame Züge hervor. Die Tendenz zur Annäherung
und gegenseitigen Durchdringung der Völker und Kulturen ist
nicht mehr zu übersehen. Hindernisse und Grenzen fallen,
immer mehr offenbart sich die gemeinsame menschliche Natur
der Individuen, die verschiedenen Zweigen des gemeinsamen
Baumes der Erdzivilisation entstammen.

Der Mensch prägt seine Individualität, sein Ego immer stärker aus, wächst zugleich aber auch zu einer universellen Persönlichkeit, einem Wesen, das seine Verbundenheit mit allen,
die auf der Erde leben, stark und tief empfindet. Das ist der Prozeß, in dem planetares, globales Denken entsteht. Dieses wiederum stärkt das Fundament des Neuen Denkens, das die soziale und geistige Grundlage dafür ist, den Weg zu einer neuen
Menschheitszivilisation zu suchen.

Diese zivilisatorischen Prozesse bringen das dringende Be-
dürfnis hervor, die allgemein menschlichen Werte zu erschließen und praktisch anzuwenden.

Auch auf diesem Felde ist die Politik im Nachtrab. Die Anforderungen an sie wachsen. Letzten Endes werden auch sie
vom Wesen der allgemein menschlichen Werte bestimmt. Bislang hat die Politik die Hürde, die von den Grundsätzen der
Moral, von den objektiven Umständen der neuen Zeit bestimmt wird, noch nicht genommen. Wenn die Politiker künftigen Generationen das Leben erhalten wollen, werden sie es
lernen müssen, diese Hürde zu nehmen.

Der Anfang der Geschichte?

Das Neue Denken, dessen Ideen Ende der achtziger und Anfang der neunziger Jahre praktische Anwendung fanden, hat zu wichtigen praktischen Ergebnissen geführt. Im Leben der Weltgemeinschaft ist es zu bedeutsamen Veränderungen gekommen. Sie hat sich von Konfrontation und Kaltem Krieg befreit, die Gefahr eines atomaren Infernos wurde in den Hintergrund gedrängt. Eine beträchtliche Erneuerung des geopolitischen und geowirtschaftlichen Panoramas der Erde hat begonnen. Sie führte zugleich zu einer Konsolidierung der zivilisatorischen Prozesse.

In den letzten Jahren werden das Neue Denken sowie die Ergebnisse seiner praktischen Anwendung kritisch betrachtet. Zwar wurden wichtige Ergebnisse erreicht, kam es dank des Neuen Denkens weltweit zu unbestreitbar positiven Veränderungen, aber nicht alles, was gedacht war, konnte auch verwirklicht oder vollendet werden. Ein wichtiger Grund liegt darin, daß die begonnenen Umwälzungen mit der Auflösung der Sowjetunion im Dezember 1991 nicht mehr wirksam weiterzuführen waren. Man erklärte sie bald für unhaltbar und überflüssig.

In jüngster Zeit kehrt die russische Außenpolitik allerdings in gewissen Bereichen zu einem Vorgehen zurück, in dem das

Neue Denken und seine Ideen wieder anklingen. Das geschieht nicht deshalb, weil man die Entwicklung des vergangenen Jahrzehnts heute anders sieht oder die Verdienste der »Entdecker« einer neuen Weltpolitik endlich anerkennt. Im Gegenteil, ohne jede Scheu gibt man Dinge, die das Neue Denken der Perestroikazeit entwickelt und in die Politik eingebracht hat, für eigene Neuerungen aus.

Viel wichtiger ist jedoch, daß die Ideen und die Politik des Neuen Denkens wieder aufleben, was beweist, daß sie dem Geist unserer Zeit entsprechen, weil sie aus den objektiven Erfordernissen und Tendenzen der neuen Zeit erwachsen sind. Aber das Leben geht weiter, stellt neue Forderungen und Aufgaben. Damit muß sich auch das Neue Denken ständig weiterentwickeln, wenn es nicht veralten will.

In diesem Buch haben wir versucht, zur Lösung dieser Aufgaben beizutragen und dafür die Erfahrungen aus der Zeit zu nutzen, da der »Vater« des Neuen Denkens keine offizielle staatliche Funktion mehr ausübt.

Was in diesem Buch geschrieben wurde, ist nicht die Wahrheit in letzter Instanz. Darauf erhebt niemand Anspruch. Es sind Gedanken, Überlegungen und Vorschläge, bestimmt für Analyse und Debatte. Wenn man das Gesagte auf einen kurzen Nenner bringen will, dann könnte man folgende Formel anbieten: Die Menschheit kann nicht permanent nur eine Überlebensgemeinschaft sein, denn eine solche Orientierung führte, mit Verlaub gesagt, früher oder später in die Katastrophe. Sie muß zu einer Gemeinschaft des Fortschritts werden. Des Fortschritts für alle – für Ost und West, für Nord und Süd, für die hochentwickelten Staaten und für die, die heute noch im Elend leben.

Eines weiteren Fortschritts bedarf dabei auch die Idee des

Fortschritts selbst. Der Aufstieg der Menschheit zur Verwirklichung des Sinns ihrer Geschichte muß vor sich gehen, ohne daß der Mensch selbst und die übrige Natur nicht wiedergutzumachenden Schaden nehmen, ohne daß Menschen und ganze Völker entwürdigender, zerstörerischer Ausbeutung unterworfen werden, ohne daß unwiederbringliche moralische und geistige Verluste eintreten. Es muß sich durch weltweite, gleichberechtigte Zusammenarbeit ohne Elemente von bewaffneter Gewalt, als friedliche gemeinsame Entwicklung aller vollziehen.

Das aber erfordert eine tiefgreifende Wende im Gang der Geschichte, einen Paradigmawechsel im Dasein der menschlichen Gemeinschaft.

Die Geschichte des Menschengeschlechts kennt derartige Wendepunkte. Unterschiedlich in Tiefe und Intensität, hat es sie mehrfach gegeben. Sie haben die Grundlagen, die Art und Weise der menschlichen Existenz, die Lebensweise der Menschen verändert. Die Geschichte hat ihren Lauf mit der Zeit beschleunigt, die Abstände zwischen den epochalen Umbrüchen sind kürzer geworden. Der Übergang der Menschheit von der verbrauchenden zur produzierenden Wirtschaft (die neolithische Revolution) hat mehrere Jahrtausende gedauert. Viele Jahrhunderte vergingen, bis die Möglichkeiten des Handwerks ausgeschöpft waren und die industrielle Produktion entstand. Aber nach kaum einem Jahrhundert wächst aus der Industriegesellschaft die sogenannte postindustrielle oder Informationsgesellschaft.

Und schon ist ein neuer Wechsel dringend erforderlich – der Übergang zu einer Lebensweise, zu Grundsätzen menschlicher Tätigkeit, die eine Lösung bisher nicht gekannter, die Menschheit in ihrer Existenz bedrohender Widersprüche ermöglicht: An die Stelle einer gedankenlos produzierenden Zivilisation, die bereits damit begonnen hat, ihre eigenen Existenzreserven anzugreifen und zu vernichten, muß eine Zivilisation treten, die ihre Lebensbedingungen reproduziert und akkumuliert, nicht die Chancen für künftige Entwicklung zerstört. Mit anderen Worten, eine Zivilisation nicht einfach des Überlebens, sondern eines vollwertigen Daseins – für die heutigen und die künftigen Generationen.

Ob ein solcher Übergang gelingt, wird selbstverständlich von der Innenpolitik der Staaten und der gesamten Weltgemeinschaft abhängen, davon, wie jedes Land und jedes Volk mit seinen Ressourcen umgeht, welchen Entwicklungsweg es für sich selbst wählt.

Hier sei hervorgehoben, daß das Neue Denken sich durchaus nicht allein auf die internationalen, die globalen Probleme und Prozesse beschränkt. Es betrifft ganz unmittelbar auch die Innenpolitik, die es mit dem Handeln der Staaten im internationalen Rahmen in einen engen Zusammenhang stellt. Im Grunde genommen war die ganze Perestroika in der UdSSR eine einzige Anwendung der Grundsätze des Neuen Denkens auf die Lösung der inneren Aufgaben, vor denen unser Land damals stand. In diesem Buch haben wir uns vor allem auf die weltpolitische Seite des Neuen Denkens beschränkt, konnten allerdings auch innenpolitische Probleme in Rußland und anderswo nicht ganz außer acht lassen.

Das ist erklärlich, denn in unserer Zeit der interdependenten Welt werden viele wesentliche Probleme des Übergangs der Menschheit zu einem neuen Dasein im internationalen Rahmen gelöst werden (genauer gesagt, gelöst werden müssen). Schließlich sind es Probleme von wahrhaft globaler Natur.

Das Neue Denken widmet sich der Aufgabe, Antworten auf die neuen Fragen zu finden, die die Zeit uns stellt. Es sollen Antworten auf die Herausforderungen sein, denen nicht einzelne Länder, sondern die ganze Weltgemeinschaft gegenübersteht. Zugleich ist das Neue Denken ein Appell, gemeinschaftlich nach solchen Antworten zu suchen. Gemeinschaftlich deshalb, weil es nicht möglich ist, der Menschheit eine fertige, von jemandem ausgedachte Antwort aufzuzwingen. Nur eine gemeinsame, kollektive Antwort, die zu gemeinsamem, kollektivem Handeln führt, wird Ergebnisse bringen.

Zuweilen hören wir die Frage: Wird es gelingen, eine solche kollektive Antwort zu finden? In der Welt gibt es heute so viele verschiedene, widersprüchliche Meinungen und Positionen... Das ist richtig. Aber wir meinen, die Welt von heute sollte endlich begreifen: Niemand besitzt das Monopol der Wahrheit. Aber wenn alles Erfolgreiche vereinigt wird, das die verschiedenen Ideenströmungen, philosophischen und politischen Schulen angesammelt haben, das den Realitäten der Welt von heute und den Herausforderungen der Zukunft entspricht, dann werden wahrhaft gemeinsame Schlußfolgerungen und Entscheidungen möglich sein. Die Welt von heute kann sich nicht länger im erbitterten Kampf der Ideologien, in endloser ideologischer Konfrontation weiterentwickeln. Unterschiedliche Meinungen sind nicht zu beseitigen, aber bei Wahrung der Unterschiede kann man eine Synthese für gemeinsame Problemlösungen finden und eine Plattform aufbauen, die kollektives Handeln ermöglicht.

Die Wege, auf denen die Länder und Kontinente zu dieser neuen Art des Daseins gelangen, werden und müssen unterschiedlich sein. Das ist nur natürlich. Ebenso werden Entscheidungen und Schritte zwangsläufig eine große Vielzahl aufweisen. Wichtig ist nur, daß sie alle auf dasselbe Ziel gerichtet sind – eine tatsächliche Erneuerung des Lebens der Weltgemeinschaft, die Entwicklung neuer Voraussetzungen und Formen für die Existenz des Menschengeschlechts.

Antworten auf die Herausforderungen der Gegenwart sind bereits in vielen Varianten vorgelegt worden. Das betrifft auch die internationale Politik, die internationalen Beziehungen. Leider sind diese Varianten zu oft nur äußerlich neu. In ihrem Kern lassen sie das alte Vorgehen und die alten Methoden unberührt. Die Veränderungen, die 1985 eingesetzt haben, zunächst in der Sowjetunion und danach auch in anderen Ländern (verändert haben sich im vergangenen Jahrzehnt alle) spiegeln – unabhängig davon, wie man ihre Ergebnisse bewertet – objektive Erfordernisse einer künftigen neuen Zivilisation.

Mancher sieht in diesen Veränderungen das Ende der Geschichte. Dieses sei bereits damit erreicht, daß Marktverhältnisse überall auf der Welt Einzug gehalten haben. Das äußerte in der letzten Zeit, wie bereits erwähnt, Francis Fukuyama. Aber was er sagt, ist nicht sonderlich originell. Bereits lange vor ihm hat Walter Rostow behauptet, die Gesellschaft des Massenkonsums sei »die höchste Etappe des Fortschritts«.

Die Vorstellung vom Ende der Geschichte widerspricht jedoch der Realität. Im Grunde genommen bedeutet sie nichts anderes, als jegliche Vorwärtsbewegung zu bestreiten. Oder sie vereinfacht den Sinn der Geschichte so sehr, daß er sich auf die Anhäufung von Reichtümern und einen ständig wachsenden Konsum reduziert. Die Geschichte tritt nicht auf der Stelle. Sie nimmt auch keinen linearen Verlauf. Ständig erobert sie neue Höhen und reichert dabei sowohl neue quantitative als auch qualitative Merkmale an. Die tiefgreifenden und unaufhaltsamen Prozesse, die in der Welt eingesetzt haben, werden zu einer umfassenden Evolution des Lebens der Weltgemeinschaft in allen seinen Aspekten führen. Diese wird weder leicht noch einfach sein. Sie wird immer mehr die Lage und Interessen derjenigen berühren, die über Macht, Reichtum und Einfluß verfügen. Mancher Angehörige dieser Schichten wird die Notwendigkeit der Veränderungen begreifen und seinen Beitrag dazu leisten. Andere werden sich ihnen sowohl in ihren Ländern selbst als auch im internationalen Rahmen mit aller Kraft widersetzen. Wir sind sicher, daß eine unabdingbare Etappe auf dem Wege der Menschheit in einen neuen Zustand die Erneuerung ihres Denkens sein muß. Das Neue Denken wird wieder in seine Rechte eintreten, wird weiterentwickelt und vervollkommnet werden, denn es hat bereits bewiesen, daß es in der Lage ist, tote Punkte zu überwinden und der Politik zum Durchbruch zu verhelfen, wo noch vor kurzem ein Durchbruch schier unmöglich schien.

Schlußbemerkungen

Wenn wir von der Verantwortung der Menschen, der Politiker, der Staaten und Völker für die Zukunft, für einen optimalen Weg dorthin sprechen, dann ist uns als Bürgern Rußlands natürlich bewußt, daß in unserem eigenen Land noch sehr viel zu tun bleibt. Welchen Weg diese Großmacht einschlägt, wird in vielerlei Hinsicht für die Weltentwicklung entscheidend sein. Mit dieser Feststellung lassen wir keine patriotischen Gefühle sprechen. Wir stellen lediglich eine reale Sachlage fest. Diese hängt sowohl mit dem enormen natürlichen, wirtschaftlichen und geistigen Potential unseres Landes als auch mit seiner Stellung in der Welt zusammen. Rußland ist nach seiner ganzen Tradition und Geschichte zweifellos der europäischen Kultur zugehörig – und es ist ein Land mit eigenen Merkmalen und ausgeprägter Spezifik. Die das besonders betonen, vergessen zuweilen, daß man weder in Europa noch sonstwo in der Welt ein Land ohne solche Besonderheiten findet. Haben etwa Großbritannien oder Deutschland, Spanien oder Griechenland nicht auch ihre Eigenarten? Die geographischen, geschichtlichen und religiösen Merkmale dieser Länder sind sehr ausgeprägt und unterscheiden sich beträchtlich von anderen nichteuropäischen Staaten, die ihrerseits ebenfalls ihre Besonderheiten aufweisen. Ganz Europa ist ein vielfarbiger Erdteil. Aus der Eigenart Rußlands ein Argument dafür zu machen, es von den anderen Teilen des Kontinents zu isolieren, ist töricht und unproduktiv.

Rußland ist nach Kultur und Traditionen ein europäisches Land, ist aber zugleich multikulturell, multireligiös und multiethnisch geprägt. Hier finden wir eine ganz eigene Synthese der Kulturen, von denen jede der Entwicklung ihren Stempel aufgedrückt hat. Auch dieser Umstand darf nicht unberücksichtigt bleiben. Geographisch gesehen, ist Rußland ohne jeden Zweifel eine euro-asiatische Macht. Darin ist es einzigartig – es verbindet in sich Ost und West, aber auch Nord und Süd, und dies nicht nur im Sinne der Geographie, sondern auch der Zivilisationen. Das ist für Rußland nicht nur Ursprung bestimmter Probleme, sondern vor allem ein gewaltiger Vorzug, der ihm große Möglichkeiten in der Innen- und Außenpolitik schafft.

Jeder Versuch, eine der Besonderheiten Rußlands zu verabsolutieren, ist völlig hoffnungslos und zum Scheitern verurteilt, denn das würde bedeuten, einen Teil seines Wesens den anderen entgegenzustellen und Rußlands einheitlichen Organismus gleichsam in Stücke zu reißen.

Politisch könnte Rußland ein Bindeglied zwischen den westlichen und östlichen, nördlichen und südlichen Staaten der Weltzivilisation werden. Dabei könnte von ihm eine einigende, keine trennende Wirkung ausgehen. Auch wirtschaftlich könnte Rußland mit seinen riesigen Räumen und Bodenschätzen, seinen Verkehrsmöglichkeiten und seinen wissenschaftlich-technischen Traditionen eine Brücke zwischen den Wirtschaften des Ostens und des Westens, des Nordens und des Südens schlagen. Rußland selbst könnte daraus enormen Nutzen ziehen, und die ganze Welt erhielte neue Entwicklungsmöglichkeiten.

Hier sollte auch nicht vergessen werden, daß Rußland einerseits selbst darunter leidet, daß die globalen Probleme, allen voran die Umweltfrage, ungelöst sind, zugleich aber auch einen großen Beitrag zu ihrer Lösung leisten kann. Denn Rußland ist die Lunge der nördlichen Hemisphäre, so wie der Südzipfel Lateinamerikas die Lunge der südlichen Hemisphäre ist. Wenn Rußland seine Lage vernünftig nutzt, wird es sich selbst retten und andere retten helfen.

Schließlich ist Rußland mit seinen eigenständigen Denktraditionen und seiner Suche nach moralischen Triebkräften des Lebens in der Lage, der Welt unter den neuen Bedingungen Ideen, Konzeptionen, Beispiele und Kriterien für eine Politik anzubieten, die den Erfordernissen der näheren und ferneren Zukunft entspricht, die die Vorzüge verschiedener Zivilisationen zu einer Synthese vereinigt.

Diese Potentiale wird Rußland natürlich nur realisieren können, wenn es seine gegenwärtige schwere Krise überwindet. Das wiederum kann nur gelingen, wenn in Rußland tiefgreifende demokratische Umwälzungen vor sich gehen. Nur wenn in Rußland Demokratie einzieht, wenn es seine Politik auf die allgemeinen Menschheitswerte ausrichtet, kann es seine Stellung als Großmacht, als ein Faktor des Friedens und des Fortschritts zurückgewinnen. Nur dann wird es der Welt bei ihrer stetigen, geregelten Entwicklung zu einer neuen, besseren Ordnung eine Stütze sein. Wenn wir diese historische Aufgabe nicht lösen, wird unser Land für lange Zeit in Chaos und inneren Konflikten versinken, wenn es als Staat überhaupt erhalten bleibt. Und die Welt wird unweigerlich in eine neue Periode der Spannungen geraten, die andere Formen als früher annehmen, aber nicht weniger gefährlich sein werden.

Vieles wird nicht nur von Rußlands Innenpolitik, sondern auch von seiner Außenpolitik abhängen. Bislang wird sie den Forderungen der Zeit eindeutig nicht gerecht.

Die Außenpolitik ist heute zu einer Arena geworden, in der innenpolitische Streitigkeiten ausgetragen werden. Natürlich hat jede politische Kraft das Recht, zur Außenpolitik ihre eigene Meinung zu haben. Aber der praktische Kurs der Außenpolitik muß einheitlich, gesamtstaatlich und parteiübergreifend sein. Er darf keine besonderen Positionen und Interessen bestimmter Kräfte widerspiegeln, sondern allein die nationalen Interessen, die Bedürfnisse des ganzen Landes.

Ein solcher politischer Kurs ist möglich, wenn man bereit ist, alles Gute zu nutzen, das die Geschichte, die Zeit der Perestroika eingeschlossen, hinterlassen hat, und zugleich nicht nur die Erfordernisse des heutigen Tages, sondern auch der Zukunft zu bedenken. Mit anderen Worten, auch hier braucht es die Entwicklung und schöpferische Anwendung des Neuen Denkens.

Die Politik der Perestroika, wie sie bis Ende 1991 realisiert wurde, gibt es nicht mehr. Das heißt aber nicht, daß die Ideen der Perestroika, ihre Grundorientierung, sich erschöpft haben und der Vergangenheit angehören.

Nein! Rußland braucht heute eine Fortsetzung der Perestroika mit ihren demokratischen, humanen, gewaltfreien Ideen und Methoden, mit Reformen, die den Möglichkeiten und Besonderheiten unseres Landes, den Hoffnungen seiner Völker entsprechen. Das ist der Weg zur Rettung des Landes, zu seiner Wiedergeburt.

Dabei kann es natürlich nicht um eine einfache Rückkehr zu dem Kurs und den Methoden gehen, die von 1985–1991 galten. Rußland hat sich seitdem verändert. Und wie man diese Veränderungen auch sehen mag, ignorieren darf man sie nicht. Eine Fortführung der Perestroika ist nur in dem realen Land möglich, das wir heute vor uns haben. Mit einem Wort, der Weg weist nach vorn, nicht zurück. Die Ideen der Perestroika und ganz sicher auch des Neuen Denkens in ihrer unverfälschten und angereicherten Form werden letzten Endes, früher oder später, den Weg des demokratischen Rußlands bestimmen.